现代汉语限定性副词研究

A study on the restrictive adverb in mandarin Chinese

刘立成　著

吉林大学出版社

·长春·

图书在版编目（CIP）数据

现代汉语限定性副词研究 / 刘立成著 .-- 长春：
吉林大学出版社，2021.10
ISBN 978-7-5692-9386-9

Ⅰ.①现… Ⅱ.①刘… Ⅲ.①现代汉语－副词－研究
Ⅳ.① H146.2

中国版本图书馆 CIP 数据核字 (2021) 第 224798 号

书　　　名：现代汉语限定性副词研究

XIANDAI HANYU XIANDINGXING FUCI YANJIU

作　　者：刘立成　著
策划编辑：朱　进
责任编辑：蔡玉奎
责任校对：冀　洋
装帧设计：王　强
出版发行：吉林大学出版社
社　　址：长春市人民大街 4059 号
邮政编码：130021
发行电话：0431-89580028/29/21
网　　址：http://www.jlup.com.cn
电子邮箱：jdcbs@jlu.edu.cn
印　　刷：廊坊市海涛印刷有限公司
开　　本：787mm×1092mm　　1/16
印　　张：13.25
字　　数：210 千字
版　　次：2022 年 1 月第 1 版
印　　次：2022 年 1 月第 1 次
书　　号：ISBN 978-7-5692-9386-9
定　　价：59.00 元

中文摘要

　　副词研究是近年来语法研究的一个热点,同时也是至今没有描写清楚的一个难点。已往的研究在许多方面取得重要进展的同时,也越发显露出这一词类还有太多的问题需要花费大力气去探索和解决。鉴于对以往研究工作的总结,我们觉得从具有适度概括性的次类入手进行穷尽性的描写与分析,应该是一种可行的做法。为此,我们选择了现代汉语副词的一个次类——限定性副词进行专题研究。

　　本书从宏观与微观两个层面对限定性副词进行了系统性的描写,并综合运用现代语言学理论对这一类词所独有的一些句法和篇章表现做出解释。

　　全文共分六章,约 12 万字。

　　第一章是绪论,主要介绍本文研究的对象、范围、研究取向和方法、语料来源、符号使用等。重点阐明了以下几个问题:一是对相关概念做出了界定,提出我们所讨论的限定性副词专指其语法意义是限定所修饰对象的数量或范围的一小类副词,这一小类副词共有的语义特征可以概括为 [+ 限定上限]。二是通过对几种有代表性的范围副词分类的介绍,说明我们对副词次类划分标准的看法,即次类的划分以语义为标准有其合理性。三是结合对已往相关研究的综述,交代了本研究与已有研究成果的继承发展关系。

　　第二章是从语义出发对限定性副词的句法表现进行考察。首先从该类词所具有的语义特征切入,以具体的句法槽为形式依据,把限定性副词(XF)进一步划分为数量限定性副词(LF)和唯一性范围限定副词(WF)两个次类。接下来从语义指向、否定、"＋是"和"＋有"几个方面对限定性副词进行分析讨论，结果表明 LF 和 WF 在这几方面都呈现出较为系统性的差异，具体表现为：一、在语义指向上，WF 一般具有后指、单指、指实和不单独指向数量成分的特点，而 LF 则具有双指、多指、既指实又指虚、优先指向数量成分的特点。二、在与否定词共现上，WF 与"不"和"没"的共现比较自由，但当 WF 与其所限定的成分处在主语位置时则不能接受"没"的否定。LF 不接受"不"的否定，一般也不接受"没"的否定。但可以有限制地限定"不"和"没"。三、在后加"是"和"有"时，WF 倾向于后加"是"，且在常见搭配时以不省略"是"的用法比较自然。而 LF 后加"有"时，则一般以省略"有"的用法比较自然。这些结论从反面证明了上述分类的合理性。

第三章在前一章分类基础上继续对限定性副词的句法表现进行考察。首先是分别就 LF 和 WF 两个次类进行分析描述。详尽描写 LF 和 WF 各自内部成员之间在语义、句法、语用方面存在的差异。然后分别考察限定性副词与名词直接组合和限定性副词的重叠两个问题。关于限定性副词与名词直接组合，我们认为能够进入"限定性副词＋名"结构中的"名"应该有顺序义、级别义、类别义的语义基础。同时认为 LF 和 WF 对名词也有不同选择，其中，LF 倾向于选择顺序义名词语、级别义名词语和"基数＋量＋名"结构，WF 倾向于选择"序数＋量＋名"和类别义名词语，我们把这种选择叫作规则性选择关系。而 WF 在后面的名词语不强调数量的情况下，也可以选择顺序义名词语、级别义名词语和"基数＋量＋名"结构，我们把这种选择叫作变通性选择关系。对于限定性副词的重叠问题，我们认为限定性副词可以重叠，重叠式和基式相比，主要在语用价值上有明显区别，而在语音、语义和句法上区别不大。

第四章是对限定性副词内部的连用问题进行了集中讨论。首先我们通过语料调查表明这种现象是既不违反规则，也不少见，而是在语言使用中较多出现的一种现象。并对这种连用的现象从信息传递和语用心理上做出了解释，即言者有意或无意引起听者对所传递信息的关注。在此基础上，我们把限定性副词内部连用时的语序归纳为两条规则：规则一是双音节居前，规则二是 LF 居前。并从韵律和语义指向两个方面分别对造成这种语序的力量给予揭示。最后以"才＋只"连用时的语序为个例对造成该语序的语义上的原因进行剖析。

本节主要结论为，支配规则一的是汉语自然音步的实现方向——右向音步；支配规则二的主要原因是汉语中语义指向源和指向标的之间无障碍的原则，即*B 原则。最后我们把这两种背后的力量归结为语言使用中的省力原则。

　　第五章探讨限定性副词的连接功能。首先着重探讨了限定性副词向转折连词转化的动因和机制。本章研究得出：一、限定性副词本身所具有的语义特征是其向转折连词转化的语义基础。其中，WF 所具有"指出例外"义，使它具有转变语气的功能；LF 所具有的"限止"义，使它在一定句法环境下同时具有了"限止"上文语气的功能，从而引出一个与上文意思不同的下文。这是转化的动因。二、重新分析和类推是限定性副词向转折连词转化的机制。结合实例分析，提出了当一个限定性副词经常处于两个意思（包括语气）近乎相反的小句中间的位置时，它与前后两个小句的关系就会发生变化，表现为与后面它本来限制成分的（关系）松散及与前面成分的（关系）靠近。这就使它获得了同时限止上下两个小句的功能，从而发展为转折连词。同时，之所以有这么多的限定性副词可以表示转折关系，我们认为是类推机制在起作用，这一小类词有着共同的语义特征，当它们经常处于相同的语言环境中时，自然会获得相似的功能。我们还通过对"不但"类连词成词理据的探寻，论证了"否定＋限定"是一种无标记组配，并通过对历时语料和跨语言语料的调查，为这一结论提供了较为充分的证据，从而表明，正是这种无标记组配促成了汉语中"不但"类连词的生成。

　　第六章是对全文的总结，概括了全文内容，理清脉络，归纳观点，并指出了本文未能涉及之处。

　　章末附有相关语料附录。书末附有参考文献。

关键词：限定性副词　句法语义　副名组合　重叠　共现连用
　　　　语篇连接

Abstract

Adverb-studying becomes a hotspot these days. However, it is also a nodus which had puzzled the linguists up to the present. More we work over it, more problems come forth. Whereas, we think that it might be feasible to focus on a subcategory of it. Herein, we choose the restrictive adverbs in mandarin Chinese to make a thoroughly investigation on it.

   This dissertation gives a systematic description of the restrictive adverbs in mandarin Chinese in both macroscopic and microcosmic lays. Moreover, it tries to make an explanation to some particular syntactic and discourse behaviors of this category of adverb.

   This dissertation is divided into six chapters, and about 120 thousand letters.

   Chapter One is introduction and briefly introduces the object, scope, principles, methods, the corpus and the symbols of this research paper. In this chapter we clarified following ideas: 1) is to define the concept of the restrictive adverbs in mandarin Chinese, viz. a subcategory of adverb whose main function is to limit the quantity and range of a subject, and the shared semantic character of this subcategory is [+upper--limiting]; 2) is to bring forward an idea on category classifying ,namely semantic criterion ,with an introduction to some representative viewpoints; 3) it shows the relationship between our research and the previous research on the basis of a summarization of the previous research.

Chapter Two is an investigation of the restrictive adverbs based on an analysis of their semantic characters. In this chapter, we divided the restrictive adverbs (XF) into two subcategories: one is quantity restricting adverb (LF), and another is range restricting adverb (WF). Then we investigated the differences between these two subcategories at different ways. These ways are the semantic orientation, negation, "+shi(是)" and "+you(有)". This chapter shows that there're some systemic differences between the LF and WF. The conclusions are: 1) on semantic orientation, the WF was apt to refer backwards, singly, really, and cannot refer to quantity, when as the LF is on opposite side ; 2) about negation, the WF can cooperate with bu (不)and mei(没) freely, but the LF cannot; 3) when "+shi(是)" and "+you(有)" the WF is apt to "+shi(是)" and LF do not plus either one.

Chapter Three is the continuance of the chapter two. Firstly, it goes deep into the "LF" and the "WF" to make a detailed description to their members. Moreover, it surveys the structure of "the restrictive adverb +NP" and the reduplication of the monosyllabic restrictive adverb. About the phenomena of the structure of "the restrictive adverb +NP" we found there was a mutually choice between the adverb and the NP. To the reduplication of the monosyllabic restrictive adverb we considered it must be grammatical, and there're some pragmatic functions in the reduplication form of the monosyllabic restrictive adverb.

Chapter Four focus on the theme of the co-operation and sequential use of the restrictive adverb. Firstly, based on the investigation to the corpus, we got two rules about the word-order in the sequential use of the restrictive adverb, they are: 1) disyllable preceding; 2) LF preceding. Secondly, we opened out the motivation to these two rules from Prosody and Semantic orientation. Finally, we tried to find the semantic cause of the word-order in the sequential use of the restrictive adverbs by taking "cai (才)+zhi (只)"

as an example. The conclusions of this chapter are that the motivation which controls the rule 1) is the prosodic syntax principle of Chinese, and the one which controls the rule 2) is Forbidding a Barrier inserting between semantic orientation source and its semantic orientation target in Chinese.

Chapter Five is a discussion about the connective function. The conclusions are: the restrictive adverbs have connective functions in both syntax and discourse, such as marking topic, explanation, transition, deduction, pre-climax etc.. All these connective functions of the restrictive adverb are determined by the semantic characters and the distributing of themselves. Meanwhile, we also discussed the motivation of the formation of "budan" and suchlike conjunctives from the perpective of Markedness theory and Grammarticalixation theory. The basic conclusion are: There're two marked morphemes in everymember of this kind of conjunctives, and this two marked items form an unmarked pair.Furthermore, a set of synonymy conjunctives were formed with the function of the mechanism of reanalysis and analogy. Meanwhile, the paper also give some translanguage proovs to this "limitive+negtive" word-forming model.

Chapter Six summarizes the whole thesis and points out its shortcomings.

We also made appendixes on the end of chapters and bibliographies on the end pages of this dissertation.

Keywords: restrictive adverbs ; syntax-semantic ; structure of "the restrictive adverb +NP" ; reduplication ; co-operation and sequential use ; connective function

目 录

1　绪论

1.1　问题的提出

副词虽然不能充当句子的"主要骨干"（王力，1985），却可以使语句的形式完备、语义准确、语气恰当。正如《马氏文通》（马建忠，1983）所言："事物不齐之情，有静字以形之。而事物之行亦至不一也。一人之语默行止，有疾徐轻重久暂之别。故学欲博，问欲审，思欲慎，辨欲明，行欲笃，皆以貌动字之容也。"就是说副词是语言表达精确不可或缺的重要手段，在汉语这种形态简洁的语言中其地位尤其重要。（也有人认为副词的发达是汉语的变通手段，见吴长安 2010）因此，汉语研究者们历来都十分重视对副词进行研究。相关的研究成果也十分可观。特别是近一二十年来，出版了多部副词研究专著，发表了上百篇文章，同时还涌现了一批以副词为题的博、硕士学位论文（具体篇目见史金生 2002、李泉 2004 等的统计及本文参考文献）。从近年来研究所涉的内容上看，大到整个副词词类的范围、确定标准、内部分类等宏观层面，小到次类研究、近义副词的辨析乃至单个词的描写等都有涉及；从理论基础上看，多能自觉地运用各种现代语言学理论，从多种角度对副词进行考察；从研究的出发点看，既有旨在加深对语言事实认识的本体研究，也有面向国际汉语教学和语言信息处理的应用研究。总之，研究的深度和广度都较以前有较大的拓展。

尽管如此,我们还是会看到,由于副词在虚词(function word)①中具有整体数量大、内部不同质、成员的个性强等特点,其中所牵涉的问题也较为复杂。因此,需要继续挖掘的地方仍然大量存在。从已有的研究来看,宏观概括和微观分析的成果都很多,但也要承认,宏观的研究往往疏于细致和深入,而微观的研究则略嫌零散、成果之间缺乏必要的关联。尽管有的研究已经尽量做到了宏观和微观的有机结合,但这个总的缺陷还是客观存在的。因此,我们觉得从具有一定共性的小类副词着手,做出适度概括和穷尽性分析、描写,不失为一种有意义的做法。如果这种概括和描写足够精确、细致的话,那么一方面可以有助于从事实出发加深和拓宽对副词整体的认识,另一方面也可以为语言教学和其他方面的实践服务,正是基于这点考虑,我们选择现代汉语副词的一个次类——限定性副词进行专题考察。

1.2 研究对象及相关概念

1.2.1 "限定"与限定性副词

我们的研究对象是现代汉语限定性副词,这里,我们首先对"限定"与限定性副词加以说明。

"限定"在语言学理论中有不同的内涵,总体来看大致有以下几种:一种是在有的语法描写模式中相当于 attribution 或 determine,是指形容词性定语(有的语言里还包括冠词和指示代词等)对中心语或形容词性补语(即英语中的表语,相当于汉语中的形容词性谓语——笔者)对主语的一种作用(戴维·克里斯特尔,2000),如"幸福的他"和"他很幸福"两句中的"幸福"

---

①也叫作功能词,即无实在意义,以表达语法功能为主的词类。由于副词的虚实归属尚无定论,我们这里暂从旧说,把副词归为虚词。接下来的研究将表明,虚实的问题并不影响我们在这里所做的讨论。

对"他"的语义作用就是"限定"。汉语中也有学者把作定语的功能描述为限定,如郭锐（2002）把"饰词"内部能做定语的词叫作限定词。还有一种相当于 definition,通常也译成"有定",指"一个具体的可识别的实体"（戴维·克里斯特尔,2000）,或句子中名词性成分的一种语义属性。例如有学者把克里斯托弗·里昂（Christopher Lyons）1999 年出版的《Definiteness》译作《限定范畴》。这两种"限定"都与我们的讨论无关。我们要区分的是与副词有关的"限定"（相当于 restrictive）,这个"限定"也称作"限制"。当然,这个"限定 / 限制"也有所指大小的不同。譬如说,如果把"限定 / 限制"看作是语言中某个范畴总体所具有的功能的话,那么,可以说在语言中主要用作状语的副词其总体的功能就是对述语进行"限定"。又譬如说,有的研究者把具有"限定"功能的副词作为副词的主体,如张谊生（2000）把副词分为描摹性副词、限制性副词和评注性副词。张亚军（2002）也提出："副词的主要功能是作句法上的状语,是出现于动词、形容词成分前表示时间、程度、范围以及与命题有关的肯定否定等意义的前加限定词。"因此他认定"限定 / 限制"是副词的主体功能,并依此把副词分为限定和描状两大类。不管是把"限定 / 限制"作为副词的"总体"功能还是"主体"功能,在这两个意义上说"限定性副词",其涵盖的内容都比我们这里要讨论的对象宽泛得多。我们这里也不是在这个意义上使用"限定"这个概念。

我们所说的限定性副词专指其语法意义是限定所修饰对象的数量或范围的一小类副词,这一小类副词共有的语义特征可以概括为 [+ 限定上限] 或如有的学者所谓的"言少"（马真,1981 等）。当然,由于每个词可能拥有多个义项,因此不可避免地会存在与时间、程度等其他副词次类相交的问题。对此我们将在必要时加以辨析。

1.2.2　我们所讨论的限定性副词的范围

根据 [+ 限定] 范围或数量这一语义标准,我们对几部重要的现代汉语工具书[①]进行了统计,统计出的限定性副词主要有以下这些（按汉语拼音音序

①这几部工具书是：《现代汉语词典》第七版、《现代汉语虚词例释》1982 年第 1 版、《现代汉语八百词》2015 年增订版、《现代汉语虚词词典》张斌主编,2001 年第 1 版,均为商务印书馆出版。

排列）：

不过、才、单、单独、但、顶多、独、刚、光、仅、净、就、偏、起码、徒、徒然、特、惟／唯（有）、惟／唯独、无非、只、至多、至少、专、专门、最多、最少

关于这些词，需要做以下几点说明：

首先，为避免与其他小类的纠葛，我们在统计中排除了以下几组词：一是"略"类（略／略略／略微等）和"稍"类（稍／稍稍／稍微等），从表意上看，它们也是表示限定的，并且是"言少"的，但按照一般的分类，这两类词通常都归为程度副词（如杨荣祥1999、张谊生2002、张亚军2002等都是这样处理的）。二是"空"和"白／白白"它们在义项上有与"徒／徒然"重合的地方，但不表限定，一般归为评价或否定副词（张谊生，2002等）。三是"独自"，虽然也表限定，但一般处理为方式副词（李泉，2004等）。为了便于集中讨论问题，我们把这几个词排除在我们特指的限定性副词之外。

其次，其中"起码""至少""最少"等词是限制最低数量或最小范围的，可看作是"限制下限"的；而其他词都可以看作是限制"多"或"大"的，可看作"限制上限"的。二者在语义上的对立是明显的，而在语法上的对立虽然比较显著，却并不复杂[①]。本文所说的限定性副词专指"限制上限"的这类副词，对这类副词加以集中研究，一个主要目的是辨别这些表意上接近的一类词的细微差别。因此，"限制下限"的这几个词也排除在外。此外，一些学者把"不＋限定副词"，如"不仅""不光""不只"等也看作兼有限定范围作用的副词和连词（如肖奚强，2001、2003等），由于这类词的语义也是"限制下限"的，所以我们也暂不把它们列在这里，但考虑到其特殊性，我们将僻专节（第2.3和5.4）对其进行讨论。

再次，由于一些成员可以"＋有／是"，还有一些成员可以重叠。这两个现象比较特殊，我们也将在后文（2.4和3.4）专门讨论，因此，我们的统计暂不

---

① 赖先刚（1996，2005）研究发现，"至少"可以和"了2"配合，"至多"则不能。我们沿着这个思路进一步考察，发现限制下限的"起码""最少"也能和"了2"配合，而其他所有限制上限的副词，即本文所确定的限定性副词都不能与"了2"配合。这是至今发现的这两小类副词最重要的语法区别。两者另一个区别是，"至少"等词用在句子开头时，后面可以有停顿，如"至少，你应该去看一看她们。"而限定性副词绝大多数都不能这样用。

包括"只有""只是""单单""仅仅""偏偏"等。

最后,同整个副词内部不同质一样,限定性副词内部也不是一个同质的系统。一个明显的表现是,其中掺杂着不同历史层次的成分,如"但、独、徒、徒然、唯/惟、无非"等词应看作是文言的残留。但这些词又不完全同于古汉语中意义相当于现代汉语"只、仅"的"第、乃、特、则、自、直、值"等已经在现代汉语中绝迹的词,而是仍以一定方式——主要是文人学者的笔下——存在于现代汉语的共时系统中,而且在语法特点上与这些词中其他现代汉语成员大同小异,所以我们仍然把它们放在一起考虑。但不可否认的是,这几个词的使用范围已经受到很大限制,因此,我们在分析时将区别对待。

根据上述说明,我们把我们所研究的限定性副词成员重新列在下面(共23个):

不过、才、单、单独、但、顶多、独、刚、光、仅、净、就、偏、徒、徒然、惟/唯、惟/唯独、无非、只、至多、专、专门、最多

1.2.3 关于类名

对于上一小节所列的这些副词,以往不同的研究者曾给出过不同的类名。较有代表性的有:"言少类修饰数量词的副词"(马真,1981、2004),"唯一性范围副词"(张谊生,2001、2004),"限制类范围副词"(李运熹 1993,钱兢 1999),"限定性副词"(杨荣祥,1999、2000),"排他性范围副词"(张亚军 2002,肖奚强 2003)等。由于各家出发点和所用标准不同,各类名下包括的成员多有差异,与我们所列的这些成员也不完全一致。如张亚军(2002)等所说的"排他类",既包括我们所列的"只、就、光、仅"等,还包括一些总括类范围副词,如"全都、一律"等,可能还会包括如"一味、老是、一直"等表示语气(评注性)和时间的副词;张谊生(2001、2004)从概括的范围出发,把范围副词分为概括全体的"统括性范围副词"、概括部分的"限定性范围副词"、概括个体的"唯一性范围副词"。其中的"唯一性范围副词"都包括在我们所考察的范围之内,但与我们概括的层级不同。杨荣祥(2000)所说的"限定副词",其成员与我们列举的比较一致,我们认同他的分类(详见本章 1.3.1 小节),也采纳他的类名(文中有时以"限定性副词"来替代),只是在范围上把"至少、起码、最少"等在表意上与其他成员明显不同的几个词排除在外,原因已如前述。

1.3 关于范围副词的再分类

给词归类与对某一类词进行研究是不同层次的工作,从某种意义上讲,前者的结果正是后者的起点。从工作目标上看前者是求同存异,后者是同中求异。尽管两者有如此不同,但联系密切也是不争的事实。因此,我们这里也要先谈一下和分类有关的问题。由于我们所讨论的限定性副词其成员大致上可归入通常所说的范围副词中表限定的一类。因此,我们这里只讨论一下范围副词的再分类问题。

1.3.1 已有的分类

较早给范围副词做出大致分类的是朱德熙(1982),他把范围副词分为表总括的和表限定的两类,这个分类被很多后来的研究者(如李运熹1993,钱兢1999等)所继承和发挥。之后到20世纪末21世纪初,一批学者对"范围副词"这个类别进行重新审视,并基于不同的理论,从不同的角度出发,做出了不同的探索。有的试图在已有的范围副词这一次类的范围内对其进一步分类,有的干脆试图取消"范围副词"的说法,而把本来被划到"范围副词"名下的一些词按功能差异进行重新归类。这里按时间顺序对几种较有代表性的分类简要介绍一下。

杨荣祥(1999、2000)根据副词的组合功能把人们通常所说的"范围副词"分为"总括副词""统计副词""限定副词""类同副词"四个次类,并取消"范围副词"的说法,而把这些次类在副词系统内部的地位提升到与程度、时间、重复(频率)、累加、情状方式、语气、否定等副词其他次类同级的水平,而不再是次类的次类。如图1所示(此图是我们根据他的描述所绘,下文其他几家的分类图示是从原文中摘引过来的。我们一并列在这里,以便比较)。

副　词

范围副词

总括副词　统计副词　限定副词　类同副词　程度副词　……

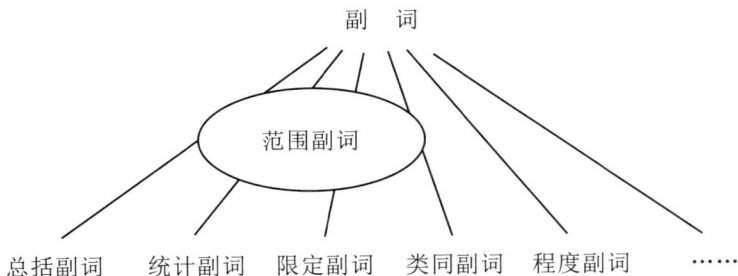

图 1　杨荣祥分类图示

张谊生（2000、2001）用不同标准对范围副词内部进行了次类划分,他根据概括范围的大小和类别,把范围副词分成统括性、唯一性和限制性三类,如图 2 所示。

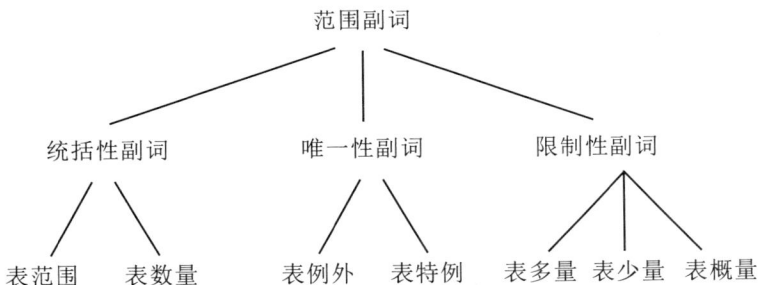

范围副词

统括性副词　　　唯一性副词　　　限制性副词

表范围　表数量　　　表例外　表特例　　　表多量　表少量　表概量

图 2　张谊生分类

肖奚强（2001、2003）也是从表意出发,从集合论的角度,打乱已有的分类方法,对范围副词进行了重新分类,如图 3 所示。

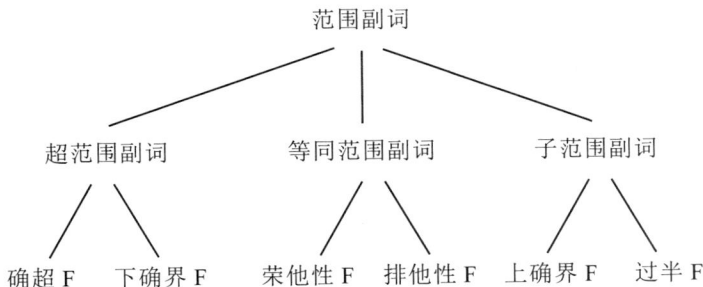

范围副词

超范围副词　　　等同范围副词　　　子范围副词

确超 F　下确界 F　　　荣他性 F　排他性 F　　　上确界 F　过半 F

图 3　肖奚强分类

张亚军（2002）："以语义特征为基础，以句法功能为标准，参照范围副词的语用功能，对现代汉语的范围副词进行内部小类的划分。"结果如图4所示。

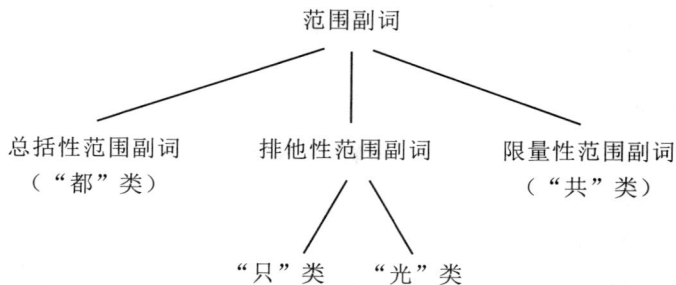

```
                        范围副词
          ┌──────────────┼──────────────┐
    总括性范围副词      排他性范围副词      限量性范围副词
     （"都"类）          │               （"共"类）
                 ┌───────┴───────┐
              "只"类          "光"类
```

图 4　张亚军分类

从以上各家的分类来看，大体上都可以说是坚持了以语义为基础或重要参照，以功能为标准，做到了形式与内容的结合，但所分类别及各小类成员仍然互有参差。从他们各自所做的相关研究上看，这些分类也是各有其合理之处。分类是为了研究的方便。换句话说，语言单位的类别是客观存在的，但要研究它、认识它则是一个主观的认知过程。既然各家所用理论、方法和要解决的问题不同，在分类上带有个性也就在所难免，这也是科学研究所允许的，并且在一定的认识阶段上还可能是必需的。

1.3.2　我们的归类

我们无意在如此众多的分类方法之外再添加一种，也不敢妄说择善而从。只在这里说明一下我们把前面所列这些词归为一类的理由。

1.3.2.1　关于副词次类划分的标准

词类（包括次类）跟语言结构规律一样应该看作是客观存在的，承认这一点才有做语法研究的前提。而且客观存在着的词类应该是唯一的。我们做词类的研究就是要使自己的分类同客观存在着的那个词类尽可能地接近，这应该看作衡量某个词类体系的标准。但正如我们前文所说，"类"是客观存在，而"分类"则完全是一种发挥研究主体能动性的主观活动，因此，分类的标准可能因人而异、因研究目的而异。

"副词的内部需要分类,可是不容易分得干净利索,因为副词本身就是个大杂烩。"吕叔湘先生(1979)这句话被词类研究者广为引用,副词次类难以划分已经是常识。其所以难分,除了它本身是"大杂烩"以外,主要的是因为分类的标准难以确定。而这个标准难以确定的原因也是人所共知的:"意义标准"早以为结构主义以来的主流语法研究所诟病,而"功能标准"在这个功能相对单一(只作状语)的词类中似乎也很难发挥作用。所以,我们觉得有必要重新认识吕叔湘先生那句话中提出的两方面问题。一是分类的必要性,二是怎样才能分得干净利索。这两个问题其实可以归结为一个问题。即在承认分类是必要的前提下,再进一步追问:为什么分类是必要的?回答了这个问题,标准才可能解决。否则,如果不问这个为什么,单纯为分类而分类,即使分得再"干净利索",也只能是自说自话。同时,如果说分类是必要的,那么,是否会做出一个世所公认且界限清晰、毫无遗漏的分类呢?我们的回答是否定的。对于"为什么分类是必要的",前辈学者早已指出,"区分词类,是为的讲语法的方便"(吕叔湘,等2002),分类的目的就是为了研究的方便,为了认识的方便。一种分类只要是有助于解决哪怕一点点问题,就应当看作是有效的。但这也不是说,分类就可以是任意的,武断的。相反,任何分类都要有一个原则,这个原则就是分类标准的单一性。同一层级的分类标准应该是单一的,因为双重或多重标准固然可以开阔思路,但往往会导致混乱甚至矛盾的结果。但单一标准不是唯一标准。

1.3.2.2 在这个认识基础上,我们反倒觉得,意义标准并非一无是处,而可能是"意义"重大。原因有以下几点:

1.3.2.2.1 不同性质的类可以有不同的标准。通常我们讲的名词、动词、形容词、副词等是不同的语法形式类,当我们说"持续性""自主性""领有义""唯一性"等概念的时候,则指的是词语的语义类型(或者如马庆株、胡明扬等先生所说的"语义语法范畴")。我们要承认语法形式类和语义类型是"不同性质的类"。那么,就应该承认二者可以有不同的分类标准。语法分类可以坚持功能标准,语义分类则宜采用意义标准。

1.3.2.2.2 不同层级的分类可以有不同的标准。就同一性质(语法或语义)的类来说,分类是有层级的,是在一定层级上的范畴化,也就是在一定层级上强调共性,忽略个性,求同存异。一个大的词类是类,一个词也可以是类。而不同层级的分类也不一定要采取一成不变的标准。我们认为,语言中从词类到次类再到词的连续统(continuum)也可以看作就是从语法形式到语义的连续统,在这里功能与意义不可分离且贯穿连续统的始终,但在这个连续统的不同点上,功能和意义所发挥的作用是有变化的。大类划分是为了从形式上把握语言结构的组合规律,因此一定要采用功能标准;而从不同级别的次类直到单个词的研究则除了为讲清结构规律这个目的之外,还可以在聚合内对其成员进行辨析,其终点可以是词语的辨析,而这可能是语言研究更实际的目的。因此,我们认为,从大类到小类划分在标准上应有一个功能和意义此消彼长的过渡:大类划分,可以功能为标准,以意义作为重要参照①;小类研究,则可以意义接近为基础,寻找功能上的差异。

1.3.2.2.3 不同的研究起点可以有不同的分类标准。研究起点也就是研究的切入点,而这是因人、因问题而异的。正如邵敬敏(2000)所说的,语法研究"既可以从语法形式入手,去寻找所表达的语法意义,也可以从语法意义入手,去探求语法形式的表现手法。这不是两条不同的途径,而是一条途径的两种走法,不过是互为起点和终点罢了"。其实这仍然是"目的决定标准"。以什么为研究的起点,说到底还是看是否便于研究问题。邵敬敏先生在同一部著作中进一步提出,"对汉语来讲,由于形态变化不多,语法形式的外部标志少而不明显,因而相对地说,语法意义的差异似乎更容易被人察觉"。我们认为,邵敬敏先生的这种看法比较适合我们所考察的这类对象。因为副词从功能上"只能处于'状·中结构'中'状'的位置,在这一共性的基础上,再要根据功能划分副词的次类,很难找到十分有效的依据"(杨荣祥,2000),因此,按意义标准对副词进行次类划分,看似无奈,实际上也是一种从汉语事实出发的比较自然的选择。

1.3.2.3 纵观以往的汉语语法研究,就词类部分而言,最早而且影响最广泛最长远的是"意义标准"。为什么人们不约而同地选择"意义标准"。答案可能是,"意义标准"是最自然的选择。因为意义相差悬殊的单位不需要辨析,

---

① 其实"大类"中的"代词"就不是也不可能是按句法功能标准分出的类,这可以作为句法功能标准不是唯一标准的一个证据。

只有意义相近的才有辨析的必要。当然我这样说并不是抛弃功能标准，回归到意义决定论，因为从理论上说，意义上有差别在功能上必有不同表现。我们只是认为，坚持以语义为基础对于次类的划分和研究更为合适。

根据我们以上主张，我们以语法意义上具有表示 [+ 限定上限] 这一共性作为标准，把这些副词归为一个小类加以集中考察和描述。

1.4　本研究与已有研究的关系

我们的研究是建立在前人和时彦所做研究的基础之上的。下面先综述已有的相关研究成果，然后再谈已往研究对本研究的重要启示。

1.4.1　研究成果综述

对于我们所考察的这类词虽然少有专题性的研究，但人们对于副词乃至对于汉语语法整体或其他个别现象的研究中也多少涉及这一类词的方方面面。并且，同其他问题一样，人们对于这一类词的考察和认识也是随着时间的推移而逐步深入的，因此大体上可以按照时间顺序来介绍相关的成果。我们这里大致以中华人民共和国成立为界，分两个阶段进行综述。

1.4.1.1　新中国成立前的研究情况

主要是从 19 世纪末到 20 世纪 40 年代。从《马氏文通》起人们就注意到这一小类词，但主要表现为归类和简单的用法说明。例如，《马氏文通》（马建忠，1983）把"财（才）、专、仅"等词归为"状字"，"以度事成之如许者。如许者，言事成而有多少浅深厚薄偏全之各别也"。实际上是说这些词主要表示的是量和范围，同时马氏又把其中的"第、但、独、特、惟"归为"转捩连字"，提出"五字意虽各别，而前文不论，惟举一事一理轻轻掉转者则皆同。虽然，经史中以为状字者居多"；黎锦熙《新著国语文法》将其归入数量副词；杨树达《高等国文法》将其归为表数副词，并进而名之为"表数之约"；陈承泽《国文法草创》将其归为副字中"表数（或条件之纯杂）者"；王力《中国现代语法》把"只""单"归入"范围修饰"，把"才""就"归入"时间修饰"。这些学者的归类是从意义出发，并且是列举性的举出几个成员加以说明，但开创之功甚伟，特别是揭示了这类词的表意本质，即限制数量（包括时间）和范围，解释也比较精要，是后来研究的基础。

1.4.1.2　新中国成立后的研究情况

新中国成立后的研究日渐深广起来，特别是 20 世纪 90 年代末以来对相关问题的关注较多。这可以从宏观和微观两个方面来看。

1.4.1.2.1　从宏观上看，主要涉及了对于限定性副词的语法功能、性质、再分类等问题，成果主要体现在一些虚词或副词研究专著和有关的硕士、博士学位论文里面。也有一些单篇文章。代表性的主要为以下几家。

张谊生从 20 世纪 90 年代以来发表了一系列副词研究的专著和文章对现代汉语副词做了专题研究，其中我们这个题目涵盖的范围也大都涉及了，研究比较深入全面。特别是他根据表意功能把唯一性范围副词（我们所研究的一大部分）分成"表例外"和"表特例"两类，对我们的启发很大。前者如"只、就、偏、唯、独、偏偏、唯独、只有、唯有"等，这些词所限定的对象同整体完全不同，如"大家都愿意去，就他不愿意"；后者如"仅、光、单、单单、仅仅、光光"等，所限定的对象同整体是完全相同的，如"我们买了很多水果，光苹果就有几公斤"。

张亚军 (2002) 把范围副词分为"总括""限量"和"排他"三类。他进而根据语义和句法特点，并设计了相应的鉴别格式（后文可见，这是本文研究的重要起点），把排他性范围副词分为"只"类 (只、仅、就等) 和"光"类 (光、独、单、偏等)。

杨荣祥、史金生、肖奚强也发表了博士论文和相关专著，全面探讨副词问题，也涉及了不少与我们论题相关的内容，如杨荣祥（1999、2000），史金生（2002），肖奚强 (2003)。

林曙（1993）、钱兢（1999）等以硕士论文的形式对现代汉语的范围副词做了专题研究。

另外，马真 (2004)、李泉 (1996，2001)、杨德峰 (2004) 等都把我们所论的限定副词进行了归类，并有比较深入的讨论。

1.4.1.2.2　从微观上看，对限定性副词的成员进行个别研究的主要体现在公开发表的一些论文上，研究主要集中在两个方面：

一是对单个限定性副词的研究。主要研究成果为：袁晖 (1957)、陈伟琳等 (1993)、李胜昔 (1994)、卢英顺 (1996)、贾齐华 (1999)、王红（2000）、王丽君（2000）、张谊生（2000）、徐以中 (2003)、张宝胜（2003）等；而研究的焦点主要集中在"只""就""才""净"上，其中关于"只"的研究最多。

二是对几个表意相近的限定性范围词的比较研究。目前的主要研究成果为：王还 (1956)、白梅丽（1985）、周小兵 (1991)、史锡尧 (1991)、史金生（1993）、陈小荷（1994）、陈伟琳（1996，1998，2001）、周刚 (1999)、张亚军 (2002)、彭小川等（2004）、陈立民（2005）等。主要是对"就""光""仅""只""才"等进行比较研究，探讨了它们在语义功能、句法分布、语义指向和语用选择上的异同。

1.4.1.2.3　值得提出来的是，还有一类词典式专著（具体书目见本文参考文献）。此类专著的主要特点是对汉语虚词包括我们所论的限定性副词做了相对穷尽式的列举和描写，是汉语学习和研究的重要参考。

综观以上研究，我们看到研究者们从研究视角和研究方法上都趋于合理，而且得出一些具有启发性的结论。但从总体上看，目前的研究上还存在着一定程度的问题和不足（详见下文 1.4.2.2 小节），还有诸多需要深入探讨之处。

1.4.2　对本研究的启示

1.4.2.1　前辈和时彦的研究在很多重要的方面给我们打下了基础，创造了条件。

一是确立了一般的工作原则。如描写与解释相结合，共时与历时相结合，定性分析与定量分析相结合，语义、句法、语用相结合等。

二是以比较系统的理论观点为指导。如张谊生、张亚军等运用了"三个平面的语法理论"，史金生等应用了"语义功能语法理论"等。

三是建立了比较成熟的副词研究框架。如研究者们大都涉及了以下内容：范围与分类、句法位置考察、语体和句式选择、共现类别与连用顺序、重叠等。

四是探索了较为成功的分析方法。如"语义特征分析法""语义指向分析法""变换分析""对比分析"和"统计（定量）分析"等等。

　　我们正是借鉴了这些原则、理论、研究框架和研究方法来指导我们的研究。

1.4.2.2　当然，由于副词的问题比较复杂，所以，尽管学者们做出了很多贡献，但几部著作或几百篇文章并没有把副词的所有方面都描述完备，有很多细部问题仍然没有涉及，可以进一步探索的余地还比较大。

1.4.2.2.1　从宏观来看，虽然对相关问题已经有所涉猎，但尚缺乏对这一小类词的集中系统的研究。例如，目前见诸论著和杂志的文章所讨论的范围仅限于"才""只""只有""就""光""仅""净"等比较典型的几个词，还有一些限定性副词尚未涉及。这样所得出的个别结论可能相当准确，但对该类词语的共性来说，这些结论的概括性就嫌不足，因此，应该在扩大考察对象的前提下，对这一类副词做更为系统的研究。

1.4.2.2.2　从微观上看，在前述研究框架的一些细部上所涉猎的还不够全面、深入，尚留有一些需要深入触及的空间。比如，史金生（2002）指出的"副词的连用问题已有黄河和张谊生做过一些讨论，但副词小类内部能否连用，制约连用的因素有哪些，连用的顺序怎样，连用顺序遵循什么原则，反映了什么样的特点，这样的问题还没有深入的研究"，因此，史先生提出"本文也将在大规模真实文本语料调查的基础上，总结副词小类的连用顺序，并从语义、语用、认知等方面对所得出的连用顺序做出解释"。其实，对于这个问题史先生的文中也不可能都涉及到，如限定性副词小类的内部连用问题等（具体的讨论见本文第四章）。而且，对于内部连用时的语序的解释也没有一锤定音，能否有更简明且更具操作性的方法？另外，就"副名"连用的问题有过多种解释，但多涉及的是程度副词，对范围副词特别是"限定性副词＋名词"的探讨还不多。对上述问题，本文将一一探索。

1.4.2.2.3　就解释的层面看，一个较为突出的现象是，对许多现代语言学理论的借鉴不够充分。语法研究者们对一些理论如"不对称和标记论""优选论"等都是借鉴和应用到实词或典型句式的研究上，很少有把这些理论应用于虚词或其小类的考察。我们研究的目的一方面是检验已有的理论，另一方面也是尝试改进理论以促进我们的研究。

　　正是由于研究的范围、层面和方法上存在着这样那样的问题，所以得出的某些结论还有进一步商榷的必要。这也是促使我们开展本课题研究的动因之一。

1.5 研究取向及各章节内容安排

1.5.1 本文的研究取向基于对已有研究的总结,即:力求做到描写与解释、共时与历时、静态与动态的结合;同时注重视角的多样和创新。

1.5.2 本文在内容上可以分为两个层次:一是宏观层次,主要就限定性副词总体的语义特征、次类划分、句法功能、篇章功能等方面的异同之处进行描述和阐释;二是微观层次,主要对一部分具有代表性的或比较常见的现象进行个案分析。

除本章外,其余各章节安排如下:第二章和第三章是句法语义考察。其中第二章主要是从是否具有[+数量限定]和[+范围限定]这两个语义特征入手,对限定副词作做出进一步分类。之后的讨论将以此分类为基础,同时对这种分类的合理性加以证明。第三章则对限定副词内部成员之间的差异和该类词在句法上比较典型的现象("+名"、重叠等)进行具体分析。第四章主要对限定性副词内部的共现连用现象进行描写,并以具体个案分析为例对共现时的语序问题从优选论的理念出发尝试给出较有操作性的解释。第五章也是从宏观和微观两个层面对限定副词的篇章连接功能进行分析,重点从共时与历时相结合的角度,探索限定副词与转折连词、递进连词的关系,努力寻找某些连词产生的动因。第六章对全文主要观点做出总结。

1.6 语料来源

本文语料主要来源及文中注明方式:

(1)北京大学汉语语言学研究中心语料库网络检索系统(http://ccl.pku.edu.cn),英中注为:ccl;

(2)网络版作家文集,文中注明作者和篇目;

(3)所引参考文献、工具书中的相关例句,对于参考文献,文中注出著者和发表时间,对于工具书则使用简称,具体为:现汉 =《现代汉语词典》,八百词 =《现代汉语八百词》,例释 =《现代汉语虚词例释》,张本 = 张斌主编《现代汉语虚词词典》;

（4）调查所得其他语言材料,文中注明作者和篇目,对于口语和外语则只注出接受调查者;

（5）自造,不注出处。

1.7　符号说明

F　　　副词

XF　　　限定性副词

LF　　　数量限定副词

WF　　　唯一性范围限定副词

WF¹　　唯一性范围限定副词的基式

WF²　　唯一性范围限定副词的重叠式

LWF　　兼有数量限定和唯一性范围限定功能的副词

V　　　动词

VP　　　动词短语

N　　　名词

NP　　　名词短语

NumP　数量短语

AP　　　形容词短语

*　　　不合语法的形式

?　　　有歧义或合语法性不明确的形式

S主　　主语

S　　　语义指向源

T　　　语义指向标的

>>　　　级别或语序优先于

☞　　　优胜选项

2 限定性副词的句法语义考察（一）

马庆株先生（1999）指出："语义特征对于词类划分具有重要意义……提取语义特征是建立语义语法范畴，建立词的大类、小类的前提，可以使语法研究走上精密化的道路，同时也使得语法学不仅是描写的，而且是更富于解释力的。"我们认为，这种看法是基于对汉语事实和汉语研究进行长期实践和深入思考而得出的真知灼见，对我们的研究有着重要的指导意义。本章即从语义特征出发，对限定性副词内部做出进一步分类。概括地讲，我们所考察的限定性副词大都具有"限定数量或范围"的语法意义，因此，我们首先从"数量"和"范围"这两个概念的讨论入手，在明确二者内涵的基础上，依据是否具有这两个语义特征而把限定副词分为"限量性"和"唯一性"两个次类，自此之后所做关于语义指向和句法功能的讨论即以此分类为基础。同时，语义指向分析和句法功能分析的结果显示出来的成系统的差异又可以反过来证明上述分类的合理性。另外，由于句法分析涵盖的内容较多且复杂，出于篇幅上的考虑，我们将在下一章对该类词所具有的比较典型的特点做出进一步探讨。

2.1　范围与数量

2.1.1　如果以"量"为标准来衡量事物的话,那么,"范围"可以表现为一定的"数量",如（朱德熙 1982 用例）：

（1）光北京就有两千人参加。

（2）就厂长没走。

（3）单拣好吃的吃。

（4）他只懂英语。

朱德熙先生认为这些句子里边的"光""就""单""只"是"标举它后头的词语的范围"的。其实,这几句也可以分别说成：

（5）光北京一个城市就有两千人参加。

（6）就厂长一个人没走。

（7）单拣好吃的一类东西吃。

（8）他只懂英语这一种外语。

这表明,"范围"可以表现为"数量"。

反过来,如果以"范围"为标准,那么,"数量"也可以用"范围"来说明,如：

（9）他才写了两千字。

（10）他们盖这栋楼仅用了三个月。

也都分别可以理解为：

（11）他写的字数不超过两千字这个篇幅范围。

（12）他们盖这栋楼的时间没有超出三个月这个时间范围。

因此"范围"和"数量"这两个概念在内涵上有交叉,使用时会有些纠缠。如我们在第一章（"绪论"1.2.1 小节）中在界定限定性副词时说的"限定性副词的语法意义是限定所修饰对象的数量或范围",实际上并未说清楚什么是数量,什么是范围,哪些词是限定数量的,哪些词又是限定范围的。从本章开始,为了便于说明我们讨论的语法现象,我们将统一使用"量"的标准来衡量并说明我们所研究的对象,并对"范围"和"数量"进行明确区分(详见下文 2.1.4 小节)。

2.1.2　尽管对副词次类的划分及各次类的成员互有出入,但对于我们所研究的这些限定性副词都可以"限定数量"这一点一些研究者已经形成了共识。如杨荣祥（2000）指出,限定性副词只能修饰 VP 和 NumP。如（杨荣祥2000 用例）:

（13）三个班只种了十五棵树。

（14）他们班只十个人。

并且认为像"只漂亮不行,还要实用"中,"只漂亮"同"只老张不行,还要一个人"中的"只老张"一样,在语义上可看作是数量为"一",只是这个"一"在句子形式层面被隐含了,因此"只"限制的仍是数量。张谊生（2000a）也持此看法,认为"光香烟（这一个品种）,就有几十种牌子"这样的句子在深层语义关系中,"光"实际上所限制的正是名词后面所隐含的数量名短语（"这一个品种"）,而"香烟"只是一种形式上的主语而已。

我们同意这种看法,并且,沿着这种思路进一步观察语言事实,我们发现正是这个隐含的"一"可以把限定副词进一步分为两类。

2.1.3　下面我们从语言事实出发,看这一小类词对被饰成分"量"的选择上表现出的差异,先看下列几组例句:

（15）①这个动作他练了只三遍。

　　　②这个动作他练了不过三遍。

　　　③*这个动作他练了光三遍。

（16）①我看他只有三十岁。

　　　②我看他不过三十岁。

　　　③*我看他光三十岁。

（17）①他就是个科长,没多大权力。

　　　②他才是个科长,没多大权力。

　　　③*他单是个科长,没多大权力。

　　　④?他光是个科长,没多大权力。

（18）①他就喝酒不吃东西。

②﹡他才喝酒不吃东西。

③他单喝酒不吃东西。

（19）①那张桌子仅 1 米长。

②那张桌子至多 1 米长。

③﹡那张桌子光 / 单 1 米长。

（20）①车里只有三只箱子。

②车里才有三只箱子。

③？车里光有三只箱子。

以上几组例句中限定性副词所限定的对象从语义上看，都可以表现为某种"量"：如例（15）为动量；例（16）为时间量；例（17）为级别量；例（18）为类别量；例（19）为度量；例（20）为物量 / 类别量。从这些例子我们看到，"只""不过""光""就""才""单"虽然同为我们所说的限定性副词，但仍有一些句法位置不允许它们互相替换。这说明它们除具有 [+ 限定数量] 这一共享的语义特征之外，对于不同种类的"量"的适应能力还是有一些不同。如"光"和"单"只能与"类别量"配合，并且更为重要的是所限数量不能为"1"以外的数。例（17）④似乎可以说，但限于以下情形，比如别的干部可能是科长兼办公室主任，或兼其他职务，而"他光是个科长"，但此时"光"所限定的不再是"级别低"，而是职务的种类单一。例（20）③似乎也是例外，如果我们把"三只"作为物量的话，这个句子不合格，如果我们把"三只箱子"作为整体类的概念的话，这个句子则是合格的，它的意思是说，车里只有箱子这一种东西，而没有矿石、人质、珠宝等所有其他种类的东西。这时"光"限定的数量仍然是"一（种）"而不是"三只"。也就是说，从所限定成分的"数量"特征来说，"光""单"所要求的数量不是"1"以外的数量。简单地说，"光"和"单"属于下面这样的集合①：

$$A=\{X \mid X=1\}$$

而"只""不过""就""才"等所限定数量则不受这个限制，从这个角

---

① 实际上是"光"和"单"所限数量而不是这两个词本身属于这样的集合，我们这里简单地把"光""单"的属性等同于其所限数量的属性，只是为了讨论的方便，并不涉及集合论的实质问题。

度可以把它们（暂不做内部区分）归入另一个集合：

B={Y∣Y≥1}

2.1.4　这样，我们根据所限数量是"等于1"还是"大于或等于1"以及所限量的种类来区别"范围"和"数量"。认定所限定数量"等于1"，且只能与"类别量"配合的是"范围限定副词"，而把所限数量"大于或等于1"且不受"量"的种类限制的叫作"数量限定副词"。由于范围限定副词要求所限数量为"1"，因此，其实质是对所限对象种类的唯一性进行限定，其主要语义特征可表述为 [范围限定] 或 [+ 排他]。这里我们采用张谊生（2000a）的说法，把这类词叫作唯一性范围限定副词，简称唯一性限定副词（下文必要时进一步简化为 WF）。这类词在句法上不强制要求数量成分与之共现。同时，对于数量限定副词，我们规定其语义特征为 [+ 数量限定]。数量限定副词（必要时我们也将把它简化为 LF）一般在句法上要求有数量成分共现。

　　根据调查，我们所论的这些限定性副词大致可以分为这两类。

2.1.5　以上我们只是大体上从语义特征出发提出了对限定副词进行次类划分的设想。但以语义为基础的分类也应该有一些相应的句法表现。因此本小节我们要找到具体的形式上的表现作为依据来对限定副词的成员进行具体归类。

2.1.5.1　张亚军（2002）设计了一种明确的鉴别格式，用来对"限量"和"排他"进行区分。其具体操作如下：

　　能进入"形容词 +[　]+ 数·量""[　]+ 形容词 + 数·量"结构且表达主观小量的是具有"限量"特征的限制性范围副词。如：

　　长 [ ] 一米　　重 [ ] 一千克

　　[ ] 长一米　　[ ] 重一千克

　　能进入"[　]+V+N1，不 +V+N2"或"什么 / 谁 + 都 V，[　]+ 不 +V+N"结构的是具有"排他"特征的限制性范围副词。如：

　　[ ] 看电影，不看电视。

　　什么都吃，[ ] 不吃虾。

　　我们研究的对象与张亚军的略有不同，但这种鉴别格式对我们所研究的限定性副词而言，同样是有效的。因此我们略加形式化，仍然按照这种操作方法来检验我们所研究的对象。

以下我们用［　］代表限定副词出现的位置，AP代表表示度量的形容词或持续性动词，NumP代表数量短语，VP代表动词短语，W代表任指或泛指代词主语。

我们认为，在限定副词中，能够进入下面句法槽（slot）的，是数量限定副词。

A：［　］＋NumP＋AP　或

　　　［　］＋NumP　或

　　　［　］＋AP＋NumP

如：

（21）那张桌子［　］1米长。

（22）我看小张［　］30岁。

（23）暑期班［　］持续三周。

经检验，能进入这一格式的有：

不过　才　刚　仅　就　只　至多　最多　顶多

能够进入下面句法槽的是范围限定副词。

B：［　］＋VP（，）不／没＋VP　或

　　　W＋都（不／没）＋VP，［　］＋（不／没）＋VP　或

　　　［　］＋S主＋VP，旁指代词＋都不／没＋VP

如：

（24）［　］吃饭不干活儿。

（25）哪儿都去过，［　］没去过桂林。

（26）别人都没留，［　］把小张留下了。

（27）［　］小张去过，别人没去过

经检验，能进入这一格式的有：

单　单独　独　光　仅　净　就　偏　唯／惟　唯／惟独　只　专　专门

同时，我们看到"仅""就""只"在两类句法槽中都可出现，既可用于数量环境，也可用于非数量环境，同时具有对两类语义环境的适应能力，说明其语义特征兼具［＋限定数量］［＋限定范围］，因此，以下行文中如有必要，我们将把兼有两种语义特征的词称为LWF。图5是我们的初步分类系统。

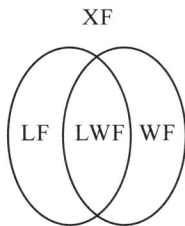

说明：

XF：限定性副词

LF：数量限定副词

WF：范围限定副词

LWF：数量范围限定副词

图 5　限定副词分类示意图

2.1.5.2　按照我们上文（2.1.3、2.1.4 小节）的说法，LF 所限数量是"大于或等于 1"的，那么"不过""才""刚""至多""最多""顶多"这几个词也应该能够限定范围（即所限数量等于 1）。这是肯定的，但从语言事实上看，它们以限定数量为常，而限定范围时则会受到限制。表现为：

一、即使所限数量为"1"时，一般仍要求有数量词语或表量成分同现，如：

（28）他不过给你提个建议，不会为你做主。

　→? 他不过给你提建议，不会为你做主。

比较：他光给你提建议，不为你做主。

（29）班里才张小娟一个人过了四级。

　→ * 班里才张小娟过了四级。

比较：班里光张小娟过了四级。

（30）我顶 / 至 / 最多给你买根冰棍儿。

　→? 我顶 / 至 / 最多给你买冰棍儿。

比较：我光给你买冰棍儿。

二、限定范围时，一般只用在引介对象、目的或地点的介词短语（本文不区别词组和短语）前面对介词的宾语进行限定，如：

（31）他这么做不过为了通过考试。

（32）这个决策顶 / 最多对买方有利。

（33）王老师刚从北京回来。（有可能指向"北京"，如下文可能是"怎么又要让他去北京"。）

（34）八戒才从河里出来。（有可能指向"河里"，如下文可能是"又掉进了洞里"。）

其实这样的用例很少见,特别是(33)和(34)的理解会让人觉得牵强。因此,我们根据这几个词通常用于表"量"而不把它们都划到 LWF 里面。

2.1.5.3 如我们在第一章(1.2.2 小节)所指出的,"但""徒""徒然""无非"等词在现代汉语中的使用已经受到很大限制,我们设计的句法槽无法对它们进行验证,因此这里暂不对它们进行讨论。

2.2 限定性副词的语义指向分析

2.2.1 语义指向

语义指向 (semantic orientation) 分析作为一种有效的语法分析手段,历来被学者们所重视,特别是近二十年来,更是被语法研究者们所关注。据税昌锡(2002、2005)的考查,对语义指向的认识最早可追溯到《马氏文通》。我们知道,语义指向的理论是在近年来逐渐明确起来的,如邵敬敏 (1990、2000) 提出了"指""项""联"的概念,陆俭明(1997)和陆俭明、沈阳(2003)结合实际操作介绍并发展了汉语语法研究中语义指向分析的相关理论,税昌锡(2002)在邵敬敏提出的几个概念的基础上增加了"配"的概念并对语义指向的理论问题进行了专题研究和系统阐述,还有许多学者在研究具体语法现象时谈到语义指向问题,这里不再赘述。

关于副词的语义指向问题也有很多研究成果,如张谊生从方向、数量和虚实三个方面对副词进行了语义指向分析。方向就是前指还是后指;数量是指它与几个句法成分在语义上有关联;虚实是说它指的是句中实际出现的成分还是省略或隐含的成分,这三个方面与邵敬敏先生提出的"指""项""联"概念大体相当。从我们的考察看,语义指向分析也有助于限定性副词内部异同的辨析。根据我们研究的对象和目的,我们拟在语义指向的方向、数量、虚实和被指向成分的语义性质四个方面对限定副词进行分析。为了行文方便,我们在做语义指向分析时把指向成分(在本文中主要是指限定性副词)叫作指向源(Semantic orientation source),而把被指向的成分叫

作指向标的 (Semantic orientation target)，必要时我们将以 S（source）代表指向源，以 T（target) 代表指向标的。

2.2.2　语义指向的方向

　　从语义指向的方向看，总体上讲，我们所考察的大多数限定性副词都能后指。为了尽量做到观察的充分性，我们把我们能找到的所有的限定性副词相关例句的后指情况 (加下划线部分为指向标的) 都列在这里：

（35）他不过<u>问问价钱</u>罢了，并不打算真买。

（36）他才<u>看了两页书</u>就走了。

（37）梭镖——一种接以长柄的单尖两刃刀，单<u>湘乡一县</u>有十万枝。（《毛泽东选集》第一卷）

（38）有一次，他单独<u>找赵普谈话</u>。（ccl）

（39）观众听了，但觉得<u>铿锵悦耳</u>，而无拿腔使调、矫揉造作之感。（例释）

（40）山上顶多架<u>三门炮</u>。

（41）大家是背对景物拍照，独<u>他脸朝后</u>，又似偷偷觇觎。（王朔《看上去很美》）

（42）别人都十个了，可是他刚<u>六个</u>。（ccl）

（43）不说门票这种小收入，光<u>广告</u>就能弄个满天飞。（王朔《千万别把我当人》）

（44）医院雪白的诊室内，唐元豹仅穿着<u>一条游泳裤</u>坐在诊桌旁回答一个女大夫的询问。（王朔《千万别把我当人》）

（45）我净顾着<u>和他说话</u>，忘了做饭了。（张本）

（46）我们一定注意，自己就管<u>自己的事</u>。（王朔《千万别把我当人》）

（47）我也是人呐，姐妹们谁没有理想？谁没有追求？都忙得四脚朝天，偏<u>我</u>闲着。（王朔《千万别把我当人》）

（48）跟这种人讲道理是徒费<u>口舌</u>。

（49）我们要进行生产自救，不能徒然<u>给国家增加负担</u>。（张本）

（50）他们除双手外，别无长物，其经济地位和产业工人相似，惟<u>不及产业工人的集中和在生产上的重要</u>。（《毛泽东选集》第一卷）

（51）惟独<u>中国的战争</u>不能不以最大的忍耐性对待之，不能不以持久战对

待之。(《毛泽东选集》第一卷)

（52）他说了那么多,无非<u>想证明自己是清白的</u>。(张本)

（53）公司只给他开了<u>半年工资</u>。

（54）那件事你顶 / 至 / 最多赔<u>五万</u>。

（55）上帝就给它们派了个新国王,这个国王是一种专吃<u>青蛙</u>的动物——哈哈哈。(王朔《千万别把我当人》)

（56）中国有许多专门从<u>书本上</u>讨生活的从事社会科学研究的共产党员,不是一批一批地成了反革命吗? (《毛泽东选集》第一卷)

对于表限定的副词的后指性,前辈学者们早已指出,如丁声树、朱德熙等,当代学者如马真、邵敬敏、杨荣祥、张谊生、张亚军等也都这样看(详见参考文献相关论著)。但由于我们的限定性副词范围与以往有所不同,所以这里有一些值得注意的现象,可以归纳出新的特点。主要表现为 WF 一般只能后指,而有时 LF 可以同时指向前后两个标的（T）。下面分别考察 WF 和 LF 的情况。

2.2.2.1　先看 WF 的情况

2.2.2.1.1　多数 WF 只能后指,不能前指。如,有的句子变换语序后不成立:

（57）单湘乡一县有十万枝。→

　　? 湘乡一县单有十万枝。

（58）观众听了,但觉得铿锵悦耳。→

　　* 观众听了,觉得铿锵悦耳但。或

　　* 观众听了,觉得但铿锵悦耳。

（59）大家都来了,独小王没来。→

　　? 大家都来了,小王独没来。

（60）光漂亮不行,还得实用。→

　　* 漂亮光不行,还得实用。

（61）他家里净是书。→

　　* 他家里是书净。

有的句子变换语序后虽成立但指向源（S）成分已经由限定性副词变为其他小类副词,如:

（62）他单独找赵普谈话。→

他找赵普单独谈话。（单独：限定副词变为方式副词）

有的句子变换语序后虽成立但 WF 的指向标的（T）已经改变，而此时 WF 语义指向的方向仍是向后指，如：

（63）他就去过铁岭。→

就他去过铁岭。

（64）只老王会英语。→

老王只会英语。

2.2.2.1.2　有的 WF 可以前指。如：

（65）他母亲单（独／单独）住一间房。

（66）这项任务我们一个厂单独搞恐怕不行，最好几个厂合搞。（例释）

但这种用法受到很大限制：

一是语义上被限制的对象只限于"人"或生命度较强的名词语（王珏，2004）[①]；

二是对"单"和"独"来说，句法上限制的动词有限，多为单音节光杆动词，有很多已经凝固成词，如：单打、单挑、独具、独创、独占、独享、独白、独唱、独奏等等；

三是语义前指的"单独"的唯一性限定副词身份需要进一步确认。对"单独"《现代汉语八百词》和张斌主编的《现代汉语虚词词典》都未收，《现代汉语虚词例释》的解释为：意思相当于"独自"，即没有别的在一起。这个词在语义上可以前指，如上例，也可以后指，如例（38）。

但从所表语义上看，不管是前指还是后指都是限定对象类别的唯一性，所以我们仍然把它们归入 WF。

2.2.2.1.3　总之，多数 WF 只能单向后指，而对少数 WF 前指的情况人们可能有不同的意见，多数学者把前指的这几个词归入方式副词。我们仍然把它们作为限定副词，但承认这种情况受到很多限制。

---

① 按照王珏（2004）的说法，例 66）中的"厂"应是指"由人组成的集体"，应属"准有生词语"。

2.2.2.2 再看 LF 的情况

LF 既可以后指,也可以前指,有时还可以前后双指。这个特点以"才"和"就"比较突出。对这两个词进行研究的文章有很多,从语义指向角度进行研究的主要有邵敬敏、陈小荷、陈伟琳、贾齐华、李宇明、张宝胜、赖先刚等等。下面我们综合一下各家的研究并提出我们自己的主张。

2.2.2.2.1 先谈"才"

2.2.2.2.1.1 首先看一种我们认为有争议的情况,如赖先刚(2005)认为下面的句子中"才"是前指的:

（67）他才看过那本书,别的人都没看过。

（68）路的前面才是池塘。

（69）平稳而有福才正中乡绅的意。

我们认为,这几个句子中的"才"确实表示对前面名词语范围的限定,但每个句子前面都可以补出"只有",如:

（70）只有他才看过那本书。

（71）只有路的前面才是池塘。

（72）只有平稳而有福才正中乡绅的意。

因此"才"应该看作是省略或隐含了前项的关联词语,而不是我们所说的限定副词。我们要讨论的是下面用于数量限定的"才"的指向问题。

2.2.2.2.1.2 邵敬敏(1990:2000)认为副词"才"的语义只能后指,张宝胜(2003)也认为"才"的语义指向"总是后指的"。陈小荷(1994)则认为副词"才"可以前指,帮助表示主观大量,如(陈小荷 1994 例):

（73）三小时才做完。

（74）四十岁才结婚。

（75）给了两百块钱才把他打发走。

也可以后指,帮助表示主观小量,如(同上):

（76）才三小时。

（77）才四十岁,正是年富力强的时候。

（78）才写了五页。

而在前后同时出现数量词时,会产生歧义,如(同上):

（79）十个人才喝了五瓶汽水。

一种理解是强调"十个人"是主观大量，"五瓶汽水"是客观量。另一种理解是"十个人"是客观量，"五瓶汽水"是主观小量。

我们认为，当"才"的语义单纯向前指时，它对数量的限制意义不明显，突显的是主观评价义，如上面例（73）～（75）。而当它后指时，则主要表示对数量的限定。这时，"才"对其后面数量的"限定"可以影响其前面的量。此时前面的量可以是隐含的，也可以是显性地存在于句子形式上的。

我们认为，"才"在表示对后面的量进行限制时，其实是前后同时双指的。说明如下：

首先，在含有两个数量成分的句子中，"才"的指向是"前后双指"的，如：

$$ 数量\,A \qquad 才 \qquad 数量\,B $$

陈小荷例：

$$ 十个人\quad 才\ 喝了\ 五瓶汽水。 $$

陈小荷（1994）的解释是，当"才"后指时，这个句子的"用意在于强调'五瓶汽水'是主观小量，'十个人'是客观量，仅仅因为跟'五瓶汽水'对比（下划浪线为笔者所加，下同）才显得多"。认为取这种理解时，"才"后指而并不前指。张宝胜（2003）认为："'才'前面的成分无论表示量多，还是表示量少，都是客观的表述，与'才'无关。只是由于'才'的主观性，使'才'后面的成分表示量少，从而反衬出'才'前面的成分表示量多。"沈家煊（1994）在讨论"好容易才……"时认为"反语'好容易'在状语位置上的语法化，这可能是由于后面的'才＋动词'决定了它只能表示反面的意思"。上述几家虽然认为"才"的语义指向是后指的，但对"才"对其前面成分的作用分别用了"对比""反衬""决定"几种说法。我们认为"对比"也好，"反衬"也好，"决定"也好，都可看作是某种语义联系。李宇明（2000）提出"感染"说，认为在双量式（即"才"前后同时出现两个量的格式）中，"才"前后一个是主观量，一个是客观量，但客观量会"因感染而带上主观小量或主观大量的色彩,从而使'才'的语义指向变为双指的"。我们认同李宇明的观点,认为此时的"才"的语义是指向前后两个数量成分的,可以是既限定后面的量"小",同时凸显前面的量"大"(反过来说也一样)。我们这样说,还有一个形式上的证明是,在突出对比意味以显示后量的"小"的句子中,前后两个量可以同时重读。

其次,在形式上不出现前面数量成分的句子中,"才"仍然可以看作是前后双指的。这时的"才"凸显了"预期量"与"实现量"的比较,因此,即使形式上没有出现前面数量成分的"才"字句,在语义上仍有一个预期量成分,这时"才"前指的正是这个隐含的预期量成分。例如(方框表示隐含成分,下同):

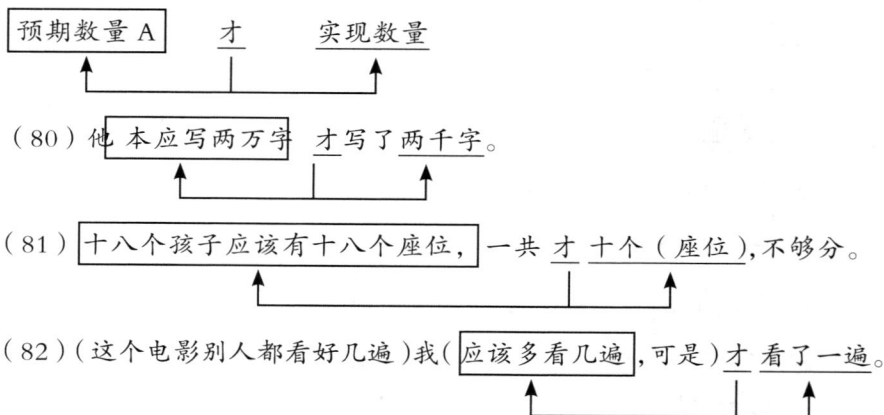

$$\boxed{\text{预期数量 A}} \quad \text{才} \quad \text{实现数量}$$

(80)他 本应写两万字 才写了两千字。

(81)十八个孩子应该有十八个座位,一共 才 十个(座位),不够分。

(82)(这个电影别人都看好几遍)我(应该多看几遍,可是)才 看了一遍。

事实证明,从语义指向上看,"才"是指向两个量,是前后双指的。

2.2.2.2.2 再看"就"的情况

"就"是 LWF,也就是说它既可限定范围又可限定数量,在限定数量时,"就"的指向方向与"才"相似。邵敬敏、陈小荷和陈伟琳等多数学者认为限定副词"就"在语义上可以前指也可以后指。这对于只含有一个数量成分的句子似乎也没有问题,如(陈小荷例):

前指:

(83)三个人就够了。

(84)二十八岁就当教授了。

后指：

（85）就剩下三个人了。

（86）就写了二百字。

有问题的是含有前、后两个数量成分的句子。如（陈伟琳 1998 例）：

（87）一个人就吃了两个馒头。

陈伟琳（1998）认为句子中的"就"可以指向它前面的主语"一个人"，蕴含着"吃得太多"之义，还可以向后指向"两个""馒头"和"两个馒头"。

我们认为，这种"就"前后出现两个量的句子实际上包含了三种情况：

一是"就"前指，表示的是强调前量"少"而后量多，此时"就"不能重读，不表示对数量的限定。这与只有前量的"才"字句（下文中为叙述方便，我们将把含有某个限定副词"X"的句子称为"X"字句）相同，此时"就"不是限定性副词；

二是"就"后指时表示对后面数量的限定，这时要重读。

三是通过"就"字前后数量的对比显示后面的量小，或者说是通过前量的衬托来限定后面的量"小"的。我们认为这时的"就"的语义是同时指向前后两个数量成分的。如下所示。

数量 A　　　就　　　数量 B

同样，我们认为在句子形式上只有一个后量的时候，可以看作前面隐含了一个量，如：

（88）别人都记了满满一本，你就记了这么几页。

总之，我们认为，当"就"表示数量限定义，并且在句子形式上含有前后两个量时，"就"在语义上是前后双指的。

2.2.2.2.3　杨小璐（2000）认为，"才"和"就"是现代汉语中比较典型的标量副词。从我们的考察看，我们所论的 LF 也都具有标量词的特点。从构式语法的角度看，可以把上面"数量 A＋才＋数量 B"与"数量 A＋就＋数量 B"两个形式看作以标量词为核心的两种构式（construction），在构式中，标量形式（标量副词，即"才"和"就"）与"量"之间有着相互依存的关系，表达某种因对比而产生的主观情绪——嫌多或嫌少。在含有一个"量"的构式中，这个标量词只与它相互依存；在标量词前后都含有"量"的构式中，这个标量形式与其中的两个"量"都有这种相互依存的关系。因此，我们说，在这种句式中，它们在语义上是前后双指的。

其他 LF 也可以前后双指，如：

（89）约束原则有<u>三条</u>，你回答的<u>不过是其中之一</u>。

（90）<u>一箱</u>啤酒他刚喝了<u>一半</u>。

（91）我和他这<u>十年</u>里 <u>仅</u>见过<u>两次</u>面。

（92）<u>三天</u> <u>至多 / 最多 / 顶多</u>完成<u>一半</u>。

2.2.3 语义指向的数量

考察一个单位在语义上所联系成分的数量可以从静态和动态两个方面看。

2.2.3.1　从静态上看，限定副词可以单指，即只与结构中一个成分发生语义关联，如 2.2.2 节开头所列诸例句中的限定副词都可以看作是单指向其后画线部分，此处不再举例；也可以多指，即同时指向两个以上的成分，如上文"才""就"等 LF 前后双指的情况。下面句子是 WF 语义多指的情况：

（93）我光顾着和他说话了。

（94）屋子里净是语言学书。

（95）我只送了他一本语言学书。

（93）中的"光"可以分别指向"他""说话""和他说话"；（94）中的"净"可以分别指向"语言学""语言学书"；（95）中的"只"可以分别指向"送"（不是"卖"）、"他"（不是别人）、"一本"（不是很多）、"语言学"（不是化学）、"语言学书"（不是语言学笔记本）和"送他一本语言学书"（没送其他人礼物）等等。

2.2.3.2　从动态上看，虽然上述副词可以潜在地有许多指向标的，但 WF 和 LF 有所不同，WF 进入具体语境中一般只有一种理解，如：

（96）我光顾着和他说话了。→

我光顾着和他说话了，忘了跟小梅也唠唠。

我光顾着和他说话了，忘了请他跳支舞。

我光顾着和他说话了，忘了做饭了。

（97）屋子里净是语言学书。→

屋子里净是语言学书，没有化学书。

屋子里净是语言学书，连一件像样的家具都没有。

（98）我只送了他一本语言学书。→

我只送了他一本语言学书，没多送。

我只送了他一本语言学书，没送别的同学。

我只送了他一本语言学书，没送别的书。

我只送了他一本语言学书，没送他钢笔。

我只送了他一本语言学书，没送别的同学任何东西。

需要指出的是，税昌锡（2002、2005）提出：如果"只"的后面有多项成分与之有语义关系，其语义优先选择离它最近的一个作为其被指成分，如例（98）这样的句子中"只"优先指向"他"。然而，从我们的观察中无法证实这个原则。也许静态上存在某种优先原则，需要进一步探索。从动态上，某个指向源指向哪个指向标的完全取决于表达的需要，这时往往使用重音、补充语句和身势语等手段来明确指向标的。

而 LF 在具体语境中仍可前后双指，例见上文（2.2.2 小节）。

2.2.4 语义指向的虚实

从虚实上看，LF 和 WF 也有不同表现。下面分别讨论。

2.2.4.1 WF 只能指实，即句子中实际出现的成分。而不能指向隐含或省略的成分。这一点是跟其他副词次类如总括性副词相对而言的，如：

（99）"我们自发组织起来。决定教训教训洋人。"白度手往身后一划。"（省略成分）都是民族自尊心特别强的同志。"（王朔《千万别把我当人》）

（100）经他这么一提醒儿，（隐含成分）我一下子全想起来了。

例（99）中"都"指向本句中承前省略的"我们"；例（100）中"全"指向未出现的"所有正确答案"或"那些年的事儿"等。"都"和"全"都是前指副词，可以这样使用。而大多数唯一性限定副词都是后指的（见2.2.2.1），而向后指向的标的（T）不能为空。这可能是由汉语句子组织信息前轻后重的原则决定的，如"汉语句子的信息结构是已知信息在前，新信息在后"①。但其中具体的机制还有待于进一步探索。如上例中"都"和"全"所指向的信息或在上文出现过（"我们"），或根据语境可以推断出来（"所有的正确答案""那些年的事"等），都可以看作已知信息，所以可以省略，也能够根据语境和表达需要补充出来。而 WF 是通过排除其余而使其所限定的成分成为新信息的核心，即焦点。而句子的焦点是不能省略的。例如"哪儿都去了，就没去。"这样的句子是不成立的，必须把"没去的地方"补出来，否则我们不知道"没去的是哪儿"。所以我们说 WF 只能指向在句子中实际出现的成分。

例外的是我们在上文（2.2.2.1.2 小节）所描述的"单""单独""独""独自"几个词存在前指的情形。我们发现，在为数不多的 WF 前指的句子中，它们可以指向隐含或省略的成分。如：

（101）小王的妈妈今年六十岁了，（省略成分）单／单独／独自住一个小院。

例（101）句中（单／单独／独自）语义上向左指向承前省略了"小王的妈妈"。正因为其所限定成分在前，多数是已知信息，所以可以省略或隐含。

2.2.4.2　LF 含有比较的意味，因此，特别是"才""就"等用在某些情况可以同时指向作为比较项的隐含的数量成分。例见 2.2.2 节。

另外，"才""刚"等由于本身含有"时量短"的意义，所以表示具体时间的时量成分往往在句子形式上不出现，这时它们仍然指向的是这个隐含的时量成分。如：

（102）他们才结婚（"三个星期"或"三年"等隐含的时量成分），就闹着要离婚。

（103）王老师刚从上海回来（"两年"或"半天"等隐含的数量成分）。

2.2.5　限定性副词对语义指向标的性质的要求

如果把词类概括为体词性、谓词性和饰词性（加词性）三大类的话，概括地讲，限定副词对这三大类都可以限定。但限定性副词内部两个次类 LF 和

---

① 对于这一点很多学者已经指出，我们这里引用刘月华等（2002）。

WF 对充当指向标的成分的具体性质有不同的选择。下面我们考察处在不同大类成分前时二者的差异。

2.2.5.1 在体词性成分前

我们所研究的限定副词除"专 / 专门 / 单独 / 独自"之外，大都能用在体词性成分前，并且在语义上，这些限定副词都指向其所修饰的体词性成分。不同的是，当后面的体词性成分含有数量词组（NumP）时，WF 的语义指向的是名词性成分（包括代词），而 LF 则以指向数量成分为常。为了验证这两类词在这方面的不同，我们设计了如下两组例式，采用变换的方式进行分析：

例式一:[ ] 一杯啤酒就把小明喝醉了。

代入 LF：

[不过 / 才 / 刚 / 至多 / 最多 / 顶多] 一杯啤酒就把小明喝醉了。

变换式 1（删除数量名词组中的数量成分，下同）：

→? [不过 / 才 / 刚 / 至多 / 最多 / 顶多] 啤酒就把小明喝醉了。

变换式 2（删除数量名词组中的中心名词，下同）：

→ [不过 / 才 / 刚 / 多 / 最多 / 顶多] 一杯就把小明喝醉了。

代入 LF 后，原式和变换式 2 没有问题，说明这几个词可以指向名词词组（NP），也可以指向 NumP，但不能单独指向光杆名词（N）。

代入 WF：

[单 / 光 / 偏] 一杯啤酒就把小明喝醉了。

变换式 1：

→ [单 / 光 / 偏] 啤酒就把小明喝醉了。

变换式 2：

→ *[单 / 独 / 光 / 净 / 偏 / 唯（惟）独 /] 一杯就把小明喝醉了。

代入 WF 后，原式和变换式 1 没有问题，变换式 2 不成立，说明 WF 不能单独指向数量成分。

需要说明的是，变换式 1 中，我们只代入了"单 / 光 / 偏"三个 WF，其他 WF 不适合这个语境，但不表明其所属小类都不适合，而只是说明 WF 这个小类内部仍有个性差异。对此我们将在下一章进行讨论。

代入 LWF：

[仅 / 就 / 只] 一杯啤酒就把小明喝醉了。

变换式 1：

→ [？仅 / 就 / 只] 啤酒就把小明喝醉了。

变换式 2：

→ [仅 / 就 / 只] 一杯就把小明喝醉了。

原式和变换式 2 都成立，变换式 1 中用"仅"的稍有些不自然，说明"仅"更倾向于指向数量成分。

例式二：这次旅行，大家差不多都去了，[ ] 小明他们三个人没去。

代入 LF：

？这次旅行，大家差不多都去了，[不过 / 才 / 刚 / 至多 / 最多 / 顶多] 小明他们三个人没去。

变换式 1（删除同位数量成分，下同）：

→ * 这次旅行，大家差不多都去了，[不过 / 才 / 刚 / 至多 / 最多 / 顶多] 小明他们没去。

变换式 2（删除同位名词成分，下同）：

→这次旅行，大家差不多都去了，[不过 / 才 / 刚 / 至多 / 最多 / 顶多] 三个人没去。

变换式 2 成立，原式和变换式 1 或者意思改变（"不过"句表转折），或者不自然，说明 LF 倾向于紧邻其所指向的数量成分。

代入 WF：

这次旅行，大家差不多都去了，[单 / 独 / 光 /？净 / 偏 / 唯（惟）独] 小明他们三个人没去。

变换式 1：

→这次旅行，大家差不多都去了，[单 / 独 / 光 /？净 / 偏 / 唯（惟）独] 小明他们没去。

变换式 2：

→ * 这次旅行，大家差不多都去了，[单 / 独 / 光 / 净 / 偏 / 唯（惟）独] 三个人没去。

原式和变换式 1 成立，变换式 2 不成立。可见 WF 只能指向名词性成分，而不能单独指向数量成分。

"单独 / 专 / 专门"只能限定动作，不能用在这两组例式中。

代入 LWF：

这次旅行,大家差不多都去了, [仅/就/只] 小明他们三个人没去。

变换式 1：

→这次旅行,大家差不多都去了, [仅/就/只] 小明他们没去。

变换式 2：

→这次旅行,大家差不多都去了, [仅/就/只] 三个人没去。

代入 LWF 后,原式和两个变换式都成立。

以上两组例式变换分析的结果与我们上文（本章 2.1.5.1 小节）中从语义特征出发所划分的小类是一致的。

2.2.5.2　处在谓词性成分前。

当限定副词处在谓词性成分（本小节只讨论单纯的动词及其带宾语的情况,谓语中的状语和补语等修饰性成分放在下一小节讨论）前面时,各词的语义指向情况比较复杂。下面我们仍然按照前文划分的两个次类逐一进行分析。

2.2.5.2.1　LF（由于 LWF 兼有 LF 的性质,我们这里讨论 LF 时也包括 LWF）处在谓词性成分前面时的语义指向情况

（106）这座桥从开始施工到竣工,不过用了<u>两年时间</u>。（指向宾语整体和数量短语）

（107）买这些东西才/就花了<u>十块钱</u>。（指向宾语整体和数量短语）

（108）老王刚吃<u>两口饭</u>就被人打电话叫走了。（指向宾语整体和数量短语）

（109）家里就/仅/只剩下<u>一袋方便面</u>了。（指向数量、名词、宾语整体）

（110）只/只是/就/就是借书,从来不买书。（指向动词）

（111）那件事他至多赔上<u>一千元</u>。（指向宾语整体,即数量名短语）

（112）她们在那里最多坚持<u>一个月</u>。（指向宾语整体,即数量名短语）

我们看到,LF 用在谓词性成分前面时,普遍能够指向由数量名词组构成的宾语整体,也能够单独指向数量成分,一般不能指向动词。但其中 LWF"只（是）、就（是）"还可以指向动词,"仅"不能指向动词。如：

（113）*他仅借书,从不买书。

2.2.5.2.2　WF 在谓词性成分前面时的语义指向情况

（114）老张单（单单）/光拿走了那三个小碗。（指向动宾结构、宾语）

（115）过年那天,哥哥姐姐都回来了,独（独独）/唯独／偏（偏偏）缺了小弟一人。（指向动宾结构、宾语）

（116）他那样做无非是为了让你买他的剪刀。（指向动宾结构、宾语）

（117）那条蛇专（门）吃青蛙。（指向动宾结构、宾语）

（118）他们不做饭,专（门）吃饭。（指向动词、动宾结构）

从例句可以看出, WF 用在谓词性成分前可以指向动宾结构、动词的宾语,“专”和“专门”可以指向谓语动词。但都不指向宾语中的数量成分。有的虽含有数量成分,但 WF 限定的仍然是类别意义而不是其中的数量,如例（114）中“三个小碗”是作为有别于其他物品的一个类别被限定的。而例（115）中“一人”只是“小弟”的同位成分,可以省略。例（117）、（118）的宾语中则没有出现数量成分。

2.2.5.3　处在饰词性成分前

这里的饰词性成分专门指修饰谓语的状语、补语等成分,不包括定语。其中状语以介词短语最为常见,因此我们考察状语时只讨论在介词短语前面的情况。

2.2.5.3.1　LF 在饰词性成分前的语义指向情况

所有的 LF 都能出现在介词短语前面[①],语义指向有的仍然是动词的宾语,有的是介词的宾语,有的指向由介词短语和谓语成分组成的状中结构,情况比较复杂,但存在一个优先理解的问题,我们下面一一举例说明,如:

（119）他不过跟我说了些工作上的事,没说别的。（优先指向含有数量成分的动词宾语,同时指向谓语）

（120）我才跟他说了一遍,他就都懂了。（优先指向数量补语,同时指向谓语整体）

（121）本届会议仅就缩短工时进行了讨论。（优先指向介词宾语和谓语

---

① 周刚 (1999) 认为“仅”不能出现在介词短语前面表限定,这与我们的观察不一致,如下页例（122）。

整体,有时也可以指向谓语动词"讨论",意思是光讨论了还没有做出最后结论）

（122）他至多是跟人家<u>暗示过两次</u>,还没有跟人明确谈过。（优先指向谓语整体,也可以指向动量补语）

（123）他六年来最多跟家里人<u>团聚过三次</u>。（优先指向作补语的时量成分）

（124）他不过（才／刚／至多／最多／仅／就／只）<u>跟那三个人谈过两次这两件事</u>。（多指,优先指向成分由具体语境确定）

从以上例句中可以归纳出以下规则:

Ⅰ.当 LF 处在介词短语前时,一般有限定范围的功能（见本章 2.1.5.2 小节）,如果没有数量成分,LF 优先指向介词的宾语和整个谓语部分;

Ⅱ.当句中某个成分含有数量短语时,LF 优先指向这个数量短语,如例（119）、（120）、（123）;

Ⅲ.当一个句子的某几个成分同时含有数量短语时,如例 124）,LF 的语义优先指向成分由具体语境确定。

2.5.3.2　WF 在饰词性成分前的语义指向情况

（125）他们什么也不做,单／光／偏偏／专／专门<u>靠要饭</u>活着。（指向介词宾语、状中结构）

（126）老大人缘不错,独／唯独<u>与小黑</u>有些隔阂。（指向介词宾语、状中结构）

（127）单／光／仅／就／只<u>靠你们三个</u>,能行吗?（指向介词宾语、状中结构）

WF 优先指向介语宾语,但只能指向介词宾语中的体词性成分或整个介词宾语,不能指向其中的数量成分,原因正如我们在前文中所描述的那样,WF 主要限定范围而不限定数量。

由以上分析,我们得出限定性副词对指向标的成分的选择因所属次类不同而不同:LF 优先指向含有数量的成分,而 WF 不能指向数量成分。

2.3　限定性副词与否定词的共现

　　能否用于否定式以及用于否定式时呈现出的特点是考察某个词类句法功能的一个重要方面,本节主要从与否定词共现这一角度进一步考察 LF 和 WF 的差异。

　　首先我们需要说明,我们这里所说的否定词是指"不"和"没"这两个典型的否定词。不包括"别""甭"等表示祈使的否定词,因为这类词可以表示为"不要"等"不 + X"的形式,所以,适合"不"的情况一般也可以适合这些词。也不包括"并 + 否定词"的形式,如"并非""并未"等,因为这类词可以用于对"引述内容"的否定,这时它不具有对某一类词分布特点的鉴别能力,如:

　　(128)他才吃了三个饺子。→

　　　　　*他不才吃了三个饺子。

　　　　　?他没才吃三个饺子。

　　　　　他并非才吃了三个饺子。

　　　　　并非他才吃了三个饺子。

　　这个例子中,用"不"和"没"否定"才"的句子不合格,而用"并非"来否定整个句子(即引述的内容)则可以接受。

2.3.1　LF 与否定词共现的规律

　　一般来讲,LF 不接受否定词的管辖,如本节例128),其他 LF 的例子如:

　　(129)这座桥从开始施工到竣工,不过用了两年时间。

　　　　　*这座桥从开始施工到竣工,不不过用了两年时间。

　　　　　*这座桥从开始施工到竣工,没不过用了两年时间。

　　(130)他们刚认识几天,就谈起结婚的事了。

　　　　　*他们不刚认识几天,就谈起结婚的事了。

? 他们没刚认识几天，就谈起结婚的事了。

（131）他每月的收入顶多 / 至多 / 最多有三百块钱。

　　　*他每月的收入不顶多 / 至多 / 最多有三百块钱。

　　　*他每月的收入没顶多 / 至多 / 最多有三百块钱。

以上例子表明，LF 不能处于否定词"不""没"的辖域内。

以下例子证明 LF 可以管辖否定词，如：

（132）这座桥从开始施工到竣工，不过用了不到两年时间。

（133）他走了才不几步，就摔倒了。

（134）他们刚认识没几天，就谈起结婚的事了。

（135）他每月的收入顶多 / 至多 / 最多有不到三百块钱。

不过，我们注意到，处在 LF 辖域内的否定词不太自由，一般要与其他成分结合成近于固定的格式，而且这种近似固定格式只有两类：一类是"不 / 没 + 几 + 量词"，表示"量少"；一类是"不 + 到 / 足 / 够 / 满 / 过 / 超等动词（这类词表示足量义和过量义动词）"，也是表示"量少"。

由此可见，LF 与否定词共现时的规则是：

Ⅰ. LF 不受否定词"不""没"的管辖；

Ⅱ. 当"不""没"与"几 + 量词"或"+ 到 / 过等具有'足量'或'过量'义动词"组成表示"量少"义近似固定组合时，可以受 LF 的管辖。

2.3.2　WF 与否定词共现时的规律

由于 LWF 具有与 WF 共同的语义特征，因此这里讨论 WF 的情况时，对 LWF 的情况也一并讨论。

2.3.2.1　首先看与否定词"不"共现的情况

同 LF 相比，WF（包括 LWF）与否定词"不"共现比较自由。

首先，大多数 WF 可以接受"不"的否定。在现代汉语中，很多"不 +WF"格式已经凝结成词，并且有很多已经由限定副词发展为意义更加虚化的连词。如"不单""不独""不光""不仅""不惟""不只"等。有研究者（如肖奚强，2001、2003）认为这些词兼有限定性副词和连词两种词性。不管怎么看待它们的词类属性，无疑问的是这些词的形成过程中必有一段是"不 +WF"的过程，正是这种不受限制组合的高频使用促成了这类词的形成

（关于"不＋WF"类词的成词问题我们将在第五章详细讨论）。这从另一个侧面也证明这些WF可以自由地接受"不"的管辖。其他WF接受"不"管辖的例子如：

（136）他不单独批评任何一个干部。

（137）李老师不专门研究音韵学。

应该看到，并非每个WF前"不＋"的形式都很常见。这是因为已经有了前述的"不光""不仅""不只"等几个表示对限定进行否定的成熟形式，因此语言的经济原则不允许存在过多的表同一意义的"不＋WF"形式。

其次，否定词"不"也可以比较自由地处于WF的辖域内，如：

（138）今年是抗日战争胜利50周年，深受日本侵略者蹂躏之苦的亚、澳各国人民纷纷举行纪念活动，独不见李登辉有何举措。（ccl）

（139）这个学生单／就／只不喜欢上语言学课。

（140）这孩子谁的话都听，偏／唯独不听他爸爸的话。

（141）光不爱说话还不是他的全部缺点。

（142）他呀！净不说好听的！

（143）记得有一位名医就是专门不叫病人脱衣而能"看穿"她们的病，所以最受女病人的欢迎。（ccl）

（144）这孩子什么都挺爱吃，专不吃稀饭。

但我们没有找到"仅＋不"的例子，说明在LWF中，"仅"更接近于LF。"光"管辖"不"的情况很少见，一般只用于从句里，如例（141）。

2.3.2.2 WF与否定词"没"共现的情况

首先看WF处于"没"辖域之内的情况。有些WF可以比较自由地接受"没"的管辖，如：

（145）别难过了，老板又没单／单独／就／光／只批评你，大家都挨骂了。

（146）人家没净说不好听的呀！

（147）我亲爱的女儿啊，你一定遇到了任何书本都没专为你准备的现实问题……（ccl）

（148）我们没专门预约，不过，只要你告诉他说东京企业的森户，现在有非常要紧的话要告诉他，他是会来见我的。（ccl）

但我们没有找到"没＋独／徒／徒然／唯／惟／唯独／无非"的例子。并且，

当 WF 及其所修饰的成分处于主语的位置上时,都不能用"没"来修饰。如:

（149）单早稻产量就减少了四十万斤。

        →*没单早稻产量减少了四十万斤。

（150）独小王没来。

        →*没独小王没来。

（151）光孩子的学习问题就够你操心的了。

        →*没光孩子的学习问题让你操心。

（152）偏他一个人说了半天。

        →? 没偏他一个人说话。

（153）净他一个人讲了,别人没说什么。

        →? 没净他一个人讲话。

其次,再看"没"处于 WF 辖域之内的情况,如:

（154）这次回母校看到了好多留校的同学,单 / 只 / 唯独没看见李显。

（155）她说了好多上学时候的事,就没有提和你之间的事。

（156）她说了那么多过去的事情,为什么偏没提和我恋爱的那些事呢?

（157）要是光没个性我也认了,可他简直就是一个窝囊废!

我们也没有找到"仅 + 没"的例子。同上小节情况一样,"光 + 没"的使用也很少,只限于从句,如例（157）。也没有找到"独 / 徒 / 徒然 / 唯 / 惟 / 无非"等几个文言色彩较浓的词加"+ 没"的例子。

总之,LF 和 WF 在与否定词共现时表现出了相对系统性的差异,前者与"不""没"共现时要受限制,而后者与"不""没"共现则比较自由。

2.3.3　关于限定性副词同否定词共现情况的解释

为了便于讨论,我们把上一小节中限定副词与否定词共现时的突出特点重新归纳如下:

一是同"不"的共现:

LF 不接受"不"的否定,WF 可以自由地受"不"的否定;

二是同"没"的共现:

LF 一般不接受"没"的否定,WF 一般可以接受"没"的否定。

下面从这两种情况分别讨论。

3.3.3.1　同"不"共现

LF 和 WF 在同"不"共现时所表现出的特点既跟"不"有关,也跟这两小类词自身的语义特征有关。根据石毓智(1992、2001)的研究,否定词"不""只能否定连续量词",不能否定离散量词。我们在本章开头的分析表明,从所限定"量"的性质上看,LF 所限数量是"≥1"的,并且,在句子形式上它一般要求有数量词语与其共现,这个特点表明它所限定的"量"具有离散性,因此 LF 不接受"不"的否定是有其内在依据的。而 WF 所限定的数量是"=1",这个被限定的"=1"的量可以看作一个不可分割的整体,同时,WF 一般不要求数量成分与之共现,有数量共现时一般数词限于"1",量词限于表示类别的"种""类""项"等,这个特点表明,WF 所限定的量不具有离散性,因此可以自由地受"不"的否定。LF 和 WF 的这一差异,从一个侧面也验证了石毓智(1992、2001)关于"不"的性质的结论。对于"不"可以自由地否定 WF,还有基于标记理论的解释,关于这一点,我们将在第五章详细讨论。

2.3.3.2　同"没"共现

我们发现,LF 和 WF 在同"没"共现时表现出来的特点同样与双方的性质有关。但情况较为复杂一些。下面分三个方面进行讨论。

2.3.3.2.1

石毓智(1992、2001)研究认为"'没'只能否定离散量词"。按此说法和我们上一小节的解释,"没"应该能够否定 LF。但实际情况却不是这样 [见例(128)~(131)]。可见,此时不能用"'没'否定离散量"和 LF 是否为离散量限定词来解释。我们分析发现,之所以 LF 不接受"没"的否定,是因为这两者搭配时会形成语义上的矛盾。看下例:

（158）才吃三个饺子=吃三个饺子太少

（159）刚结婚半年=结婚时间不长

（160）不过两个月=时间短

（161）最多三百块钱=钱太少

这几个例子都是指实际数量的"少于"或主观上认为"少于"某个数量。而"没"在限定数量时其语义上恰恰也有"少于 X"的意义,如:

（162）没吃上三个饺子=吃了不到三个饺子

（163）结婚没半年=结婚不到半年

（164）没两个月＝不足两个月

（165）没三百块钱＝不够三百快钱

而"没＋LF"时在语义上就会造成"少于少于 X"的格式。这种语义表达会很奇怪，如：

（166）＊没才吃三个饺子[①]＝吃了不到太少的饺子

（167）＊没刚结婚半年＝结婚的时候不到不长时间

（168）＊没不过两个月＝时间不到不足两个月

（169）＊没最多三百块钱＝钱不够太少的钱

2.3.3.2.2　同样不能用离散与否来解释 WF 一般可以受"没"的否定。因为根据我们前面的说明，WF 限定的不是离散量，按说应该只接受"不"的否定。但实际是 WF 也可以接受"没"的否定 [见例（145）～（148）]。实际上，从语义上，当"没"否定 WF 时，否定的不是其量的特征，而是对 WF 所限定的事实的否定，如上文例（145）～（148）。为便于讨论，再重复列在这里：

（145）别难过了，老板又没单／单独／就／光／只批评你，大家都挨骂了。

（146）人家没净说不好听的呀！

（147）我亲爱的女儿啊，你一定遇到了任何书本都没专为你准备的现实问题……

（148）我们没专门预约，不过，只要你告诉他说东京企业的森户，现在有非常要紧的话要告诉他，他是会来见我的。

例（145）中"没"否定的是"单／单独／就／光／只批评了你"这个事实；例（146）中"没"否定的是"他净说了不好听的话"这个事实；例（147）中的"没"否定的是"书本上专门为你准备了答案"这个事实；例（148）中的"没"否定的是"我们专门预约过"这个事实。这些被否定的事实具有经验性或完成性。而"没"作为否定词的基本功能正是对"完成态（了）和经验态（过）的否定。"（吕叔湘，1985）"经验""完成"的事件应该看作

---

①"没才吃三个饺子"似乎可以说，但这时"没"相当于"并非"，其作用是对引述内容的否定，与我们这里的讨论不同。如：

—— 你怎么才吃三个饺子呀？

—— 我没才吃三个饺子，吃了好多了。

"有界"事件（沈家煊，1995、2004），而"有界"则意味着具有了离散性，因此，可以接受"没"的否定。

2.3.3.2.3 当 WF 及其所修饰的成分处于主语的位置上时，都不能用"没"来否定 [见例（149）～（152）]。为便于讨论，复引于下：

（149）单早稻产量就减少了四十万斤。

　　　→＊没单早稻产量减少了四十万斤。

（150）独小王没来。

　　　→＊没独小王没来。

（151）光孩子的学习问题就够你操心的了。

　　　→＊没光孩子的学习问题让你操心。

（152）偏他一个人说了半天。

　　　→？没偏他一个人说话。

这种现象倒可以用离散与否来解释。我们看到，当处于主语位置时，WF 所限定的量倾向于定量，即可看作不可分割的整体，定量成分不具有离散性，因此，按照石毓智（1992、2001）的说法，不能接受"没"的否定。相反，此时如果 WF 所限定成分有数量词语同现时，如例（152），其受"没"否定的合法性稍好一些，但此时的"没"相当于"并非"，其作用在于对"引述内容"的否定（见前页脚注）。

2.4　"＋是"和"＋有"

"是"和"有"是两个适应性极强的词，可以用在很多副词的后面。经考察，所有的限定性副词都可以后加"是"或"有"。尽管如此，LF 和 WF 在"＋是"和"＋有"上仍然表现出一些特点。

2.4.1 限定副词加"是"和"有"情况调查。

限定副词都可以加"是"和"有"，根据调查，具体组合情况可以分为三个级别：一级是已经成词，二级是常见搭配，三级是可以搭配。图 6 是我们根据张斌先生主编的《现代汉语虚词词典》的调查所绘：

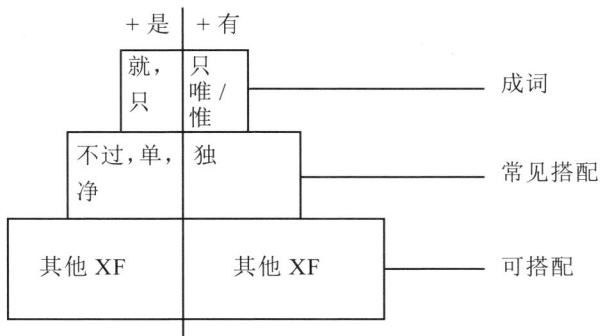

图6　限定副词加"是/有"

各级别所收成员采用的标准也是根据该词典，具体为：

成词：该词典作为独立词条收入正文的。

常见搭配：该词典在该词条释义中明确指出"常用在'是'前面组成'X是'"或"常用在'有'前面组成'X有'"。

可搭配：该词典收有相关例句或虽未收相关例句，但根据调查和语感可搭配使用。

2.4.2　限定性副词加"是"和"有"的特点

从上表和我们所调查语料上看，限定性副词加"是"和"有"呈现以下特点：

一是作为LWF的"只"与"是"和"有"的搭配最为自然，并且已经凝结成词。可见"只"是限定性副词的典型成员。并且，由于其地位的巩固，使其他同样作为LWF的"就"和"仅"与"是"或"有"的凝固成词不够典型。同时，它在现代汉语中基本替代了"唯/惟有"。这是由于语言的经济原则的作用，共时系统中没有必要存在多个功能相等的形式。

二是从常见搭配上看，WF倾向于"+是"（词典中虽未列，但从语料调查看，"光是""无非是"也是常见搭配）。而LF加"是"时往往在表意上可限定范围。如：

（170）我国北京光是三环路与四环路之间的垃圾就占地7千多亩。（ccl）

（171）现在天下闹得乱纷纷的，无非是你我两个人相持不下，你敢不敢出来跟我比个上下高低。（ccl）

（172）他这样说，不过是哗众取宠。

这是由"是"的判断义决定的，唯一性范围限定可以看作是对作为整体的事物的唯一性进行断定。

三是"WF＋是"时的"是"往往可以省略，但常见搭配的"WF＋是"则以不省略"是"的用法比较自然。如：

（173）小孙子喜欢舞刀弄枪，单是那把玩具手枪，他就能摆弄半天。（较好）

比较：

小孙子喜欢舞刀弄枪，单那把玩具手枪，他就能摆弄半天。

（174）参加比赛的净是些年轻人。（较好）

比较：

参加比赛的净些年轻人。

（175）书架上光是些语言学书。（较好）

比较：

书架上光些语言学书。

四是"LF＋有"则以省略"有"的用法比较自然。如：

（176）那间教室不过／最多／至多／顶多20几平方米。（较好）

比较：

那间教室不过／最多／至多／顶多有20几平方米。

（177）他们结婚才半年。（较好）

比较：

他们结婚才有半年。

（178）他走了刚十几分钟。（较好）

比较：

他走了刚有十几分钟。

"有"表示"领有"或"存在"，这正是事物的自然属性，一般事物总是属于某人某机构或存在于某处。而事物往往又都可以用数量来衡量。因此 LF 限定由数量修饰的事物应该自然跟"有"搭配，那么为什么 LF 限定事物的时候往往不用"有"呢？我们认为，正是由于 LF 总是限定具有数量特征的事物，因而吸纳（absorb）了事物归属或存在的特征，而使自身具有了"有"的义素。这时再用"有"反而显得多余了。

2.5　本章小结

　　本章首先从语义特征出发，以具体的句法槽（slot）为形式依据，把限定性副词（XF）进一步划分为数量限定性副词（LF）和唯一性范围限定副词（WF）两个次类。接下来从语义指向、否定、"＋是"和"＋有"几个方面对限定副词进行分析讨论，得出结论认为 LF 和 WF 在这几方面都呈现出较为系统性的差异。具体表现为：

　　一、在语义指向上，WF 一般具有后指、单指、指实和不单独指向数量成分的特点，而 LF 则具有双指、多指、既指实又指虚、优先指向数量成分的特点。

　　二、在与否定词共现上，WF 与"不"和"没"的共现比较自由，但当 WF 与其所限定的成分处在主语位置时则不能接受"没"的否定。LF 不接受"不"的否定，一般也不接受"没"的否定。但可以有限制地限定"不"和"没"。

　　三、在后加"是"和"有"时，WF 倾向于后加"是"，且在常见搭配时以不省略"是"的用法比较自然。而 LF 后加"有"时，则一般以省略"有"的用法比较自然。

3 限定性副词的句法语义考察(二)

本章是上一章的延伸,继续对限定性副词的句法语义特点进行考察。前两节主要是在前一章分类的基础上,就限定性副词两个次类各自内部成员之间的差异进行辨析,后两节对限定性副词在句法方面较有典型性的两个问题——与名词直接组合和重叠——进行专门考察。

3.1 限定性副词的数量意义考察 —— LF 的内部差异

3.1.1 数量限定副词

根据上一章(第 2.1.5.1 小节)的分类,数量限定副词(包括 LF 和 LWF)有以下几个:

不过 才 刚 仅 就 只 至多 最多 顶多

进一步观察发现,这些 LF 的成员可以根据表意上的差别再划分为不同的小类。前文说过,LF 一个重要的形式特点是要求其后跟一个表量成分,一般是数量词组,而这个数量词组在不同的 LF 后面其功用是不同的。如:

(1)老李讲了才三分钟。

(2)老李讲了只(有)三分钟。

（3）老李讲了不过三分钟。

（4）老李讲了最多三分钟。

在例（1）和例（2）中，老李讲的时间就是三分钟。而在例（3）和例（4）中，老李讲的时间可以是三分钟，也可以是少于三分钟的任何一个时间段。也就是说，在"才""只"之后的数量词组表明了一个明确的点；而"不过"和"最多"后面的数量词组则是提供了一个最高限度。据此，我们可以先把"不过""顶多""至多""最多"分离出来作为一组进行辨析。LF 中剩下的其他成员，又可以根据我们前面说的 LF 和 WF 的区别，而把"才"和"刚"作为一组，把"仅""就""只"作为另一组。这样，我们得到了 LF 内部的进一步分类：

第一类：不过、顶多、至多、最多

第二类：才、刚

第三类：仅、就、只

下面几小节我们将分别对这三类 LF 做进一步辨析。

3.1.2　不过、顶多、至多、最多 ①

3.1.2.1　从构词上可以很容易把"不过"同其他三个词分开，进一步考察表明，"不过"与"顶多""至多""最多"在语义和句法上也有一些不同，主要有：

一、在语义上，"顶多""至多""最多"和"不过"都可以表示说话人对数量的最高估计或推测。如：

（5）我看他不过三十岁。

（6）我看他顶多／至多／最多三十岁。

两个句子意思上没有不同，都表示说话人对年龄的最高推测。

但"顶多""至多""最多"还可以表示说话人对数量或情况的最高要求或最大限度的承诺，而"不过"不可以这样用。如：

（7）你顶多／至多／最多可以晚回来三天。（表估计、表要求均可）

---

① 3.5 小节对这四个副词进行了详细讨论。

（8）？你不过可以晚回来三天。（表估计可以，表要求不可以）

（9）我顶多／至多／最多给你买根冰棍儿。（表承诺可以）

（10）？我不过给你买根冰棍儿。（表承诺不可以，但表客气可以）

二、在句法上，它们都可以和"只"连用，但"不过"与"只"连用时常处于"只"的后面，而"顶多""至多""最多"与"只"连用时常处在"只"的前面。如：

（11）他只不过开个玩笑。→

（12）？他不过只开个玩笑。

（13）他不会参加的，顶多／至多／最多只给咱们出出主意。→

（14）*他不会参加的，只顶多／至多／最多给咱们出出主意。

例句（11）和（13）明显好于（12）和（14）。

"不过"和"顶多""至多""最多"也可以连用，但"不过"要在"顶多"等词的后面，而不能反过来。如：

（15）我看他顶多／至多／最多不过三十岁。→

（16）*我看他不过顶多／至多／最多三十岁。

这是因为，"不过"还保留着本义，即"不＋过"，所在倾向于靠近数量词语的位置。

"不过"后面常与"而已""罢了"搭配使用，构成"不过……而已""不过……罢了"格式。"顶多""至多""最多"有时也可与"而已""罢了"搭配，但不如前者常用，而且它们这样用时，多要求与"不过"配合，实际上还是用"不过"与"而已""罢了"搭配。如：

（17）他不过开个玩笑而已。

（18）？他至多开个玩笑而已。

（19）他至多不过开个玩笑而已。

三、"不过"在语气上可以表轻微转折，此时与转折连词"不过"无法区分。如：

（20）全班那么多人参加考试，不过两三个人及格（而已）。

例（20）中如果"而已"不出现，就不好判断"不过"的词性。"顶多""至多""最多"很少这样用。

3.1.2.2 "顶多""至多""最多"虽然在与"不过"相比时表现出一定的共

性，但它们三个之间仍有差异，主要表现在对语体有不同的选择。

"顶多"只用于口语体中；"至多"中的"至"是文言词，因此"至多"只用于书面语中，如现代早期作家的作品或政策、法规等比较庄重的文体中；"最多"则可以适应口语和书面语两种语体。如图7所示。

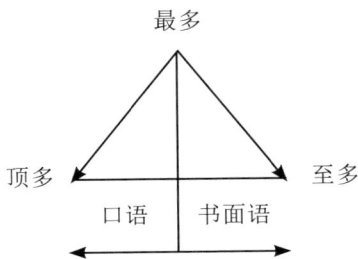

图7 "～多"类副词词语体选择示意图

一般而言，在语体要求较高的情况下，"顶多"与"至多"不可互换。如：

（21）违反上述规定者，处以至多500元罚款。

（22）*违反上述规定者，处以顶多500元罚款。

（23）就你那条小鱼儿呀，顶多有二两！

（24）? 就你那条小鱼呀，至多有二两！

三者之中，"最多"的适应能力最强，使用"顶多""至多"的句子，一般都可以用"最多"来替换，如以上（21）、（23）两句，用"最多"替换后变成：

（25）违反上述规定者，处以最多500元罚款。

（26）就你那条小鱼儿呀，最多有二两！

两句都可以说。

3.1.3 才、刚

这两个副词与其他LF在语义上还有一个区别是经常用来限制时间，因此很多著作中都把它们处理为时间副词。我们把时间量当作量的一种，而且它们除限定时间之外，还可以限定其他数量，见本小节相关例句。因此根据"言少"的特征，我们把它们归入数量限定副词。这一点我们在上一章已经作

了交代。当这两个词在表示数量限定时,经常可以换用。如:

（27）行李才二十公斤,没超过标准。

（28）行李刚二十公斤,没超过标准。（八百词）

所以有必要对二者在语义和用法上的差别再进行归纳。经过观察,"才""刚"的区别主要有以下几点:

3.1.3.1 在语义上,"刚"与"才"主要有三点区别:

一是在限定时间时（需要说明的是,"刚""才"在表时间时,所在句子的时间量往往是隐含的）,两者的计算方法有区别。比如,"刚"可以表示从事件过程的某一点到一个参照点（说话时间或过去某一时点,如"当时"）之间的时段,"才"也可以表示这样的时间段,并且,还可以表示从事件开始到事件结束这一时间段。如图8所示。

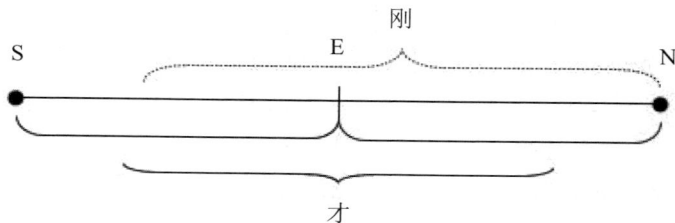

图8 "刚"和"才"语义参照点示意图

说明:从 S 到 E 表示事件从开始到结束的时间段,从 E 到 N 表示事件结束到现在（或过去,如"当时"）之间的时间段。

"刚"和"才"都可以表示从 E 到 N 的时间段。如:

（29）会议刚结束（不久）。

（30）会议才结束（不久）。

此时两者可以通用。但"才"还可以表示从 S 到 E 的时间段,而"刚"则不能,如果要表达事件过程的时间时,就不能用"刚",只能用"才"。如:

（31）＊过了很久,会议刚结束。

（32）过了很久,会议才结束。

二是在表示程度浅、数量少时,"刚"有时表示"正好"的意思,而"才"没有。如:

（33）到剧场刚一点半，正好。（八百词）

（34）到剧场才一点半，不算晚。

三是"刚"还有"勉强达到"的意义，"才"没有这个意思。如：

（35）小娟刚到她男朋友肩头高，两人走在一起还算凑合。

（36）小娟才到她男朋友肩头，有点矮。

3.1.3.2 在语法上两者最明显的区别是"刚"可以重叠为"刚刚"，而"才"不能重叠，除此之外，二者还有三点区别：

一是"刚"与"才"共现时的优势语序是"才＞刚"而不是"刚＞才"（"刚才"已经成词，说明在历史上有"刚＞才"这一优势语序）。"才＞刚"是优势语序表现在下面几种情况中：

ⅰ 在表示辩解或纠正时，如：

（37）你才刚 6 岁呢！

（38）＊你刚才 6 岁呢！

ⅱ 用于比较，"才""刚"连用，如：

（39）人家快上山顶了，我才刚爬到半山腰。（八百词）

（40）＊人家快上山顶了，我刚才爬到半山腰。

（41）黑龙江畔才刚仲春，海南岛上早已盛夏了。（张谊生，2000a）

（42）★黑龙江畔刚才仲春，海南岛上早已盛夏了

ⅲ 对同一话题加以说明，"才"要在"刚"前面，但二者不连用，换位则句子不自然。如：

（43）那时他才 8 个月大，刚会叫爸爸。

（44）？那时他刚 8 个月大，才会叫爸爸。

（45）名额才有 6 个，刚够一个教研室的。

（46）？名额刚有 6 个，才够一个教研室的。

二是"刚"经常与"一"连用后，再与"就"搭配使用，构成"刚一……就……"的格式，而"才"不这样用。如：

（47）他才出巷口就被警察抓住了。

（48）他刚一出巷口就被警察抓住了。

此时"刚一"＝"才"。

三是"刚"经常与"要"连用,相当于"正要",而"才"很少这样用。如:

（49）他来电话的时候我刚要出门。

（50）他来电话的时候我才要出门。

两相比较,（49）句更自然。而（50）句中"才要"意思不是"正要",句子含有"我出门比较晚"的意思。

3.1.3.3 在语气上,"刚"的语气比较客观,而"才"字句的语气则包含着因偏离预期值而觉得反常的意味。因此,下列几种情况下,宜用"才",而不宜用"刚"。

一是表示责问时,前面往往有问原因的疑问词语,如:

（51）你怎么这么晚才来?

* 你怎么这么晚刚来?

（52）你为什么这会儿才说呢? （八百词）

* 你为什么这会儿刚说呢?

二是表示辩解或纠正对方的说法时,如:

（53）他才比我早到一天。（八百词）

? 他刚比我早到一天。

（54）你才小学生呢,人家早上中学啦!

* 你刚小学生呢,人家早上中学啦!

3.1.4 仅、就、只

这三个词在限定性副词意义上几乎可以看作同义词语,词典中常用"只"来解释"仅"和"就",以《现代汉语虚词例释》为例:

仅:意义、用法大体上和"只"相当。

就:二、1. 限制人或事物的范围。跟"只""只有"的意思相近。

但它们在用法上却并非完全相同。研究者对于这三个词的关注较多,已经有很多成果发表。其中既有对单个词的研究,也有两两比较的研究（具体篇目见参考文献）。根据我们前面章节的分析,这三个词同属LWF,因此,我们也把它们放在一起进行辨析。需要说明的是,在这里我们把它们作为 LWF 进行分析,而不是单纯地作为 LF 或 WF,因此,下一节讨论 WF 的内部差异时我们将不再单独对这三个词进行讨论。

下面我们主要从句法分布和语用选择两个方面进行辨析。

3.1.4.1 "仅、就、只"句法分布上的差异

三者在句法分布上主要有以下几点不同：

一是"仅"有重叠式"仅仅"，"就"和"只"则不能重叠。

二是"就"有轻重音别义的特点，而"仅"和"只"不能，如：

（55）他这个学期就请过两次假。

"就"只有重读时才表示对后面成分的限定，如果不重读，则表示后面的数量多。

三是"只"可以修饰单个动词或形容词，而"仅""就"不能（"仅"与某些单音节动词组成相对固定格式的情况除外，见本章下文 3.1.4.2.1 中的"一"），这一点与下面的事实互相印证，即"只"与"不"并举构成"只……不……"是常见格式，而"仅……不……""就……不……"则很少见。如：

只博不专 →？仅博不专 →？就博不专

只高不胖 →？仅高不胖 →？就高不胖

四是"仅""只"可以与"就"搭配，构成"仅……就……""只……就……"格式，在语义上带有举例性质。而"就"不能这样用。如：

（56）千里黄河故道果树飘香，去年仅苹果、葡萄、梨的产量就达四千多万斤，并生产葡萄酒一万多吨。 （例释）

（57）新华铁工厂大搞技术革新，只三月份就有十几项重大革新。（例释）

上两例中"仅""只"都不能换成"就"。这应该是为了避免重复。

五是在能愿动词和心理活动动词前用"只"，不用"仅"和"就"，如：只能、只得、只敢、只愿、只可以、只顾、只怕等。但在口语性较强的语句中可以用"就"来代替"只"，如"就能""就怕"等。同时，"只"在和心理活动动词搭配时还可以形成"X 只 X"格式，意思是"如果 X 就 X…"，如：怕只怕、愿只愿、恨只恨等。在口语性较强的语句中可以用"就"代替"只"，形成"怕就怕"等格式。

六是在后加"有"时，"仅有"可以作定语，而"只有""就有"不能。如：

58）那两间房子是老王仅有的财产。

＊那两间房子是老王只有的财产。

＊那两间房子是老王就有的财产。

七是在后加"是"时，"只是""就是"在表限定的同时，还有表示轻微转折的用法，"仅是"则没有这种用法。如：

（59）她这人哪方面都不错，只是脾气有点大。

她这人哪方面都不错，就是脾气有点大。

＊她这人哪方面都不错，仅是脾气有点大。

3.1.4.2 "仅、就、只"语用选择上的差异。

三者在语体、句类选择上表现出以下不同：

3.1.4.2.1 语体选择不同

"仅"多用于书面，"就"多用于口语，而"只"则口语性强于"仅"，书面性又强于"就"。可以说，从"仅"到"只"再到"就"口语性逐渐增强，反过来，从"就"到"只"再到"仅"书面性逐渐增强。如图9所示。

书面 ←————————————————————→ 口语

仅　　　　　只　　　　　就

图9 "仅、只、就"语体选择倾向示意图

就三者出现的语体而言，"只"有时可以代替"仅"或"就"，而"仅"和"就"不能互相替代。如果用集合论来表示三者的活动区域的话，如：

A={ 仅 | "仅"适用的语体 }

B={ 只 | "只"适用的语体 }

C={ 就 | "就"适用的语体 }

则：A∩C 为空集，B∩A 和 B∩C 都为非空集。

具体表现为：

一、就常见搭配来看，"仅"与其他词语可以组成相对凝固的形式，有以下几种：

A：仅次于　　　仅限于　　　仅及于　　　仅见于

B：年仅　　　　重仅

C：仅有　　　　仅存　　　　仅见　　　　仅供

其中，A、B两组有时可以用"只"替换，但替换后的形式不再是相对凝固的了。而 A、B、C 三组都不能用"就"替换。

二、当语句的语体特点比较明显时，"仅""就"不能互换，而"只"既可以替换"仅"，也可以替换"就"。如：

（60）在早期人类群体仅以野生植物和鸟兽鱼蚌作食物的时代，人们已感受到气温对肌体的侵蚀，而有了季节的认识和随季节迁徙的习惯。（ccl）→

在早期人类群体只以野生植物和鸟兽鱼蚌作食物的时代，人们已感受到气温对肌体的侵蚀，而有了季节的认识和随季节迁徙的习惯。 →

＊在早期人类群体就以野生植物和鸟兽鱼蚌作食物的时代，人们已感受到气温对肌体的侵蚀，而有了季节的认识和随季节迁徙的习惯。

（61）唉，姑娘、儿子、姑爷都走啦，就剩下我这么一个老鬼。（例释）→

唉，姑娘、儿子、姑爷都走啦，只剩下我这么一个老鬼。→

唉，姑娘、儿子、姑爷都走啦，仅剩下我这么一个老鬼。

三、"仅""就""只"三个词在语体选择上的差异还有来自语料统计方面的证据。周小兵（1991）和周刚（1999）分别对"只"和"就"，"只"和"仅""光"的语用选择情况进行了调查统计，现摘引如下。

表 1 和表 2 是关于"只"和"就"的统计，摘自周小兵（1991）。

表 1　书面语著作

	只		就	
	次数	频率	次数	频率
骆驼祥子	176	93.6%	12	6.4%
倒影集	132	98.5%	2	1.5%
运河的桨声	20	86.9%	3	13.1%
平均值		93%		7%

表 2　口语著作

	只		就	
	次数	频率	次数	频率
老舍剧作选	25	43.9%	32	56.1%
侯宝林相声选	5	10.6%	42	89.4%
苏叔阳剧本选	14	48.3%	15	51.7%
平均值		34.3%		65.7%

表 3 是对"仅"和"只"的统计，摘自周刚（1999），在摘引时我们去掉了关于"光"的情况。

表 3　不同语体著作

		仅		只	
		次数	频率（%）	次数	频率（%）
书面语体	骆驼祥子	0	0	176	99.44
	运筹学	11	17.74	51	82.26
	邓小平文选	28	21.21	101	76.52
口头语体	相声集	0	0	24	82.76
	宝瓶奇案	0	0	21	80.77
	我爱我家	0	0	14	50.00

我们这里的观察与上述两位学者调查统计所表现出来的倾向性是一致的。即"仅"的书面性最强，"就"的口语性最强，"只"则口语、书面通用。

3.1.4.2.2　句类选择上的差异

　　句类是句子的语用类型，这里所说的句类不是按语气，而是按句子要实现的功能所作的分类（吕明臣，1992、1999）。

　　首先，三者在句类选择上一个明显的不同是，"仅"不能用于表示要求、承诺、命令等的语句中，而"只"可以（周刚，1999），如：

　　（62）只玩游戏！

　　（63）别只玩游戏！（此二例为周刚1999例）

　　其实在肯定的祈使句中，应看作"只"后面省略了能愿动词。根据我们的考察，"就"也可以这样用，如：

　　（64）就许你玩游戏，不许去卡拉OK！

　　（65）别就玩这一种游戏！

　　（66）*仅玩这一种游戏，不许玩别的！

　　其次，在疑问句中一般也不用"仅"。如：

　　（67）你妈只让你买这本了吗？

　　　　　你妈就让你买这本了吗？

　　　　　你妈仅让你买这本了吗？

　　其实，这也是"仅"不能常用在能愿动词前和口语体中的另一种表现。

3.2　限定性副词的范围意义考察 —— WF 的内部差异

3.2.1　唯一性范围限定副词内部仍有差异，这一点我们在上一章已经有所涉及（见2.2.5.1和2.2.5.2两小节）。本章将对WF内部继续进行分类，然后根据表意上的相近性分组进行辨析。下面我们把WF的成员也列在这里：

　　单　单独　独　光　仅　净　就　偏　唯/惟　唯/惟独　只专专门

　　需要说明的是，根据语料调查，我们没有见到"但、徒、徒然、无非"限定数量的例子，因此我们把这四个词归为WF，也放在这里讨论。经过前面章节所作的观察，我们可以根据能否直接修饰体词性成分这个形式上的依据来对WF进一步分类，一类是只能修饰限制谓词性成分的词，这几个词是：但、徒、徒然、无非、专、专门。它们都不能直接修饰体词性成分。我们把这一小类词叫作"非附体性①WF"。例见各节,此处不举。其余的词都能够直接修饰体词性成分,我们把它们叫作"可附体性 WF"。例见各节,此处不举。

3.2.2　非附体性 WF 的内部差异

"但、徒、徒然、无非、专、专门"这几个词虽在现代汉语中都可使用,但很明显属于不同的历史层次。我们可以根据这一点把"但"和"无非"各单独作为一组,把"徒、徒然"和"专、专门"各自作为一组进行讨论。

3.2.2.1　但

"但"作为限定性副词,意思相当于"只",在现代汉语中已经很少使用,一般只跟"见""愿""觉得"等少数动词结合起来使用,如:

（68）倘使对于黑暗的主力,不置一辞,不发一矢,而但向"弱者"唠叨不已,则纵使他如何义形于色,我也不能不说——我真也忍不住了——他其实乃是杀人者的帮凶而已。(《鲁迅全集》5 卷 391 页,转引自《现代汉语虚词例释》)

（69）在辽阔的原野上,但见麦浪随风起伏。(现汉)

（70）但愿你们毕业能分配到同一座城市工作。

（71）观众听了,但觉得铿锵悦耳,而无拿腔使调、矫揉造作之感。(例释)

因为很少使用,且只出现在现代少数作家作品或当代有意仿古或书面作品当中。因此几乎不需要同其他限定性副词做出辨析。

3.2.2.2　无非

"无非"主要用于书面语中,由于是由两个否定义语素构成,因此常用来加强肯定的语气,有时也含有轻蔑意味。其在语法上除了单独修饰谓词性成分之外,还有两个特点:一是常与"是"搭配使用,二是常与"……之类""……之流""……之徒""……之辈"等搭配使用。如:

---

① 附体和附谓是张谊生(2001)在讨论从不同角度给范围副词分类时提出来的,我们这里借鉴了他的思路和"附体"概念。

（72）学好一门外语也不难，无非多听多说。

（73）她的房间里无非是一些花花草草（之类的）。

（74）这些人眼中的幸福，无非是汽车、洋房、美女之类。（张本）

需要说明的是，在语料中也有"无非"直接修饰体词性成分的例子，如：

（75）这种人本村里就很多，无非脸色比他紫黑些。（《鲁迅全集》2卷145页，转引自《现代汉语虚词例释》）（此例中的"无非"并非直接修饰"脸色"而是后面的主谓结构）

但这种例子很少见。因此我们仍把它作为"非附体性 WF"来对待。

3.2.2.3　徒、徒然

这两个词都有排他性范围限定功能，意思相当于"仅仅""只是"。在这个意义上，"徒"的使用较早。先秦已有用例，如：

（76）徒术而无法，徒法而无术，其不可何哉？（《韩非子·定法》）

（77）察九有之所以亡者，徒从饰乐也。（《墨子·非乐上》）

（此二例转引自《古代汉语虚词词典》商务印书馆1999年第1版）

在现代汉语中，"徒"的使用范围更狭窄。一般已经不单用，只用在"徒有虚名、徒增烦恼、徒托空言、徒劳无益"等四字格里。

"徒然"在现代汉语中仍有使用，但文言色彩较浓，一般不用在口语中。如：

（78）如果那么办，徒然有利于敌人。（现汉）

（79）这种合同条款，徒然对卖方有利。

3.2.2.4　专、专门

这两个词的功能主要是限定动作、行为的范围，意义和用法同"只"相近，但重要的一点是它们只修饰动词（或介词），不能修饰形容词。如：

（80）有真实打底子，然后才能去想象，专凭空想是写不出东西来的。（例释）

（81）他专门管理公社里的果树。（例释）

《现代汉语虚词例释》中对"专门"的解释是，和"专"一样，但多用于口语。按照这个解释，似乎"专"和"专门"的区别仅在于适用不同的语体。但事实上语体的区分在这两个词身上并不容易把握，如下面的例子：

（82）这老孙也是他妈的老头吃柿子，专拣软的捏！（ccl）

（83）……走路要有八个人的大轿抬，一天吃两个娃，不吃大，不吃小，专吃你这样大的娃。（ccl）

（84）有的院校甚至与大的因特网公司合作，培养专门从事在线业务的工商管理硕士。（ccl）

（85）新中国建立后，共产党领导的人民政府，专门成立血吸虫病防治委员会，调动千军万马，围歼血吸虫，挽救了千千万万人的生命。（ccl）

很难说例（82）、（83）是书面语，例（84）、（85）是口语。其实，二者的区别主要是单、双音节的区别。一般而言，"专"只能限定单音节动词（包括介词，下同），而"专门"则既可以限定单音节动词，也可以限定双音节动词，如上举4个例子中，"专"可以换成"专门"，"专门"却不可以换成"专"。再如下面例子：

（86）这位老工人的家里专为此事操办了一台140余桌的酒席。→

（87）这位老工人的家里专门为此事操办了一台140余桌的酒席。

这是"专"换成"专门"，句子比较自然，下面是"专门"换成"专"的例子，替换后，句子不如原句自然。

（88）佐治亚大学还专门组织推销宣传战，主动向大投资公司和咨询公司推荐学生。→（ccl）

? 佐治亚大学还专组织推销宣传战，主动向大投资公司和咨询公司推荐学生。

（89）这所大学非常重视MBA教育的国际化问题，早在4年前就成立了委员会，专门负责该校国际化课程的建设，该校学生的培养方向是全球化经理人。→（ccl）

? 这所大学非常重视MBA教育的国际化问题，早在4年前就成立了委员会，专负责该校国际化课程的建设，该校学生的培养方向是全球化经理人。

3.2.3 可附体性 WF 的内部差异

"单、独、光、净、偏、惟／唯、惟／唯独"这几个词（"仅、就、只"三个词的差别我们已在本章3.1.4节讨论过）既可以用在体词性成分前面，也可以用在谓词性成分前面。这几个词也可以进一步划分成几组。首先，从产生的时间看，"独、唯／惟"作为限定性副词在先秦已有用例，如：

（90）入齐，则独闻淖齿而不闻齐王；入赵，则独闻李兑而不闻赵王。（《韩非子·外储说右下》）

（91）是以惟仁者宜在高位。（《孟子·离娄上》）

产生的时间早于其他几个词，并且在现代汉语中较其他几个词少见，因此，我们可以把这两个词作为一组。同时，由于"唯独"是由这两个词构成的合成词，词义与之比较接近，且出现也比较早，如：

（92）齐城之不下者，唯独莒、即墨。（《战国策·燕策一》）

（此三例转引自《古代汉语虚词词典》商务印书馆1999年第1版）

因此我们把"独、惟/唯、唯/惟独"归为一组。

其次，"单"和"偏"经常有语气词的用法，而"光"和"净"的语义比较接近，因此我们把这四个词两两分组进行辨析。

3.2.3.1 独、唯/惟、唯/惟独

3.2.3.1.1 首先看"独"和"唯/惟"

第一，"独"和"唯/惟"最明显的区别是"独"可以重叠成"独独"，如：

（93）难道人才流失、资金匮乏等困扰独独对上海网开一面？（ccl）

而"唯/惟"不能重叠。

第二，在语义指向上，"独"可以前指（见第2.2.2.1.2小节），而"唯/惟"不能，如：

（94）大舅 独 住一个小院，要不你就在大舅家住几天。（例释）

第三，"独"和"唯/惟"都可以后加"有"构成"独有""唯/惟有"，但"唯/惟有"可以和"才"构成关联词语（此时"唯/惟有"是关联副词，但基本语义仍是限定性副词），表示条件关系，而"独有"不能。如：

（95）惟有互相配合，才能收到大的效果。→（ccl）

　　　*独有互相配合，才能收到大的效果。

并且，"独有"可以作定语，而"唯/惟有"不能，如：

（96）"家家泉水，户户垂杨"，是它（济南）独有的风貌。→（ccl）

　　　*"家家泉水，户户垂杨"，是它（济南）唯有的风貌。

这是因为"独"在语义指向上可以前指,而"唯/惟"只能后指。如例(96),从句法上看,例中"独有的"虽然修饰"风貌",但语义上却是限制"济南"的,这一点跟"仅有"也不相同。这是"独"的独特之处。

3.2.3.1.2 唯/惟独

"唯/惟独"的意义相当于"只有",如:

(97)许多传统节日都是喜气洋洋,唯独七月半被弄成阴风惨惨的"鬼节"。(ccl)

在语义上,它跟"独""唯/惟"比较接近。但由于它是由两个限定性副词复合而成的,因此,它的限制性更强些。在现代汉语中它多用在否定句中,例如:

(98)我看这项改革对各部门都有利,惟独没有利的就是乡镇干部、村干部,因为他们再揩不到农民身上的油。(ccl)

(99)敬爱的周总理心里装着八亿人民,唯独没有他自己。(ccl)

(100)10月20日,英国女王为歌剧院落成剪彩的那天,嘉宾云集,唯独不见乌特松的身影。(ccl)

另外,"唯/惟独"同"唯/惟"和"独"还有一点不同是,它在现代汉语中是正式成员,而后二者一般已经很少单独使用。

3.2.3.2 单、偏

这两个词有比较明显的共同点:

一是它们都可以重叠;

二是两者在对后面成分进行限定时,都可以兼表不满、遗憾或故意等语气,而且可以互相替换。如:

(101)别人都不说什么,单你话多。

(102)别人都不说什么,偏你话多。

但它们仍有比较明显的区别:

一是从语义上看,"单"有"举一例"的意义,因为常常跟"说""讲"组成"单说""单讲"等固定形式,或跟介词"就""凭""靠"等搭配在一起使用,后面常有"就"配合;而"偏"没有列举义,因此,不能与这些词组成固定形式。如:

(103)暂不谈故宫尚有许多景点没有修复,单说地面保护,每年要花去

二三百万。（ccl）

（104）别的不说，单讲 1993 年第 1 期《收获》发表的何顿的小说《生活无罪》。（ccl）

（105）然而，单就目前欠贷难归这一点而言，法律的震慑力并不能达到预期的效果。（ccl）

（106）事实上，单凭经验是对付不了降神术士的。（ccl）

（107）要学会下棋，单靠看棋谱是不行的，还要亲自和人对弈，才能逐步精通它。（ccl）

二是从语法上看，无论是原式还是重叠式，"单"可以接受"不"的否定，而"偏"不能。如：

（108）知道这事的不单（单单）你一个人。

　　　　*知道这事的不偏（偏偏）你一个人。

但：

（109）又不是单（单单）你一个人要去。

（110）又不是偏（偏偏）你一个人要去。

这可能是"又不是"的意义是对某种预设情况的反驳，可看作是一种引述语，后接的往往可以看作是一种"引述"的内容。而引述语和引述内容之间的组合一般不受语法规则的限制。

三是从语气上看，"偏"表达说话人强烈的意志时，语气比"单"强烈。如：

（111）我偏要选这个难题试一试。

　　　　? 我单要选这个难题试一试。

3.2.3.3　光、净

"光"和"净"在表示唯一性限定时，都有比较强的"排他"意味，这时往往可以换用。如：

（113）他家里光是语言学书。

（114）他家里净是语言学书。

（115）光你自己喝了。

（116）净你自己喝了。

但两者仍有比较明显的区别：

一是在语义上,"净"在[+排他]的意义上有时候表总括,相当于"都""全",而"光"只表限定。如:

（117）你买的净是你自己喜欢吃的。→

（118）你买的都是你自己喜欢吃的。

（119）你买的光是你自己喜欢吃的。→

（120）*你买的都是你自己喜欢吃的。

二是在语法上,"光"可以和"就"搭配,构成"光……就……"格式。"净"不能这样用。如:

（121）这7天假期,光陪孩子就用去了一半。

（122）*这7天假期,净陪孩子就用去了一半。

3.3 "限定性副词 + 名"

首先要说明的是,我们所说的"限定性副词 + 名"组合中的"名"是指名词性成分,包括名词和名词性短语,下文我们有时会用名词语来指称这里的"名"。

"副 + 名"现象是近年来汉语语法研究关注较多的一个问题,发表了很多成果（参看杨亦鸣、徐以中2003,杨海明2005,徐杏雨2007及各自所引参考文献）。对于限定性副词来说,可以直接用在名词语前面是一个比较突出的特点。根据语料调查发现,在现代汉语中限定性副词不能直接加在名词语之前的只有"单独、但、徒、徒然、专、专门"6个,其余各词都可以直接后加名词。能直接加在名词语前的成员有17个,约占全部限定性副词（据我们的统计限定性副词共有23个,见第一章第1.2.2小节）的74%。在所有副词次类中这个比例是最高的,这个结论同其他学者的观察也是一致的。如根据徐杏雨的统计[①],能

---

① 由于对副词总量和次类划分的意见不一致,因此,各家统计的具体结果也不相同,但程度和范围两个副词次类中能直接后加名词性成分的比例最高这一点是比较一致的。因此我们这里只引述徐杏雨（2007）的统计。

进入"副＋名"结构中"副"的位置的副词次类中，比例最高的有两类，一类是程度副词，占46.8%，一类是范围副词，占68.9%。我们所讨论的限定性副词大部分属于原来的范围副词，因此从统计结果所显示出的倾向性上看，与其他学者是一致的。因此，对于限定性副词来说，后直接加名词性成分是一个比较突出的特点。并且，初步的观察显示，"限定副词＋名"与副词的其他次类修饰名词语时有一些不同的特点。比如与程度副词直接组合的名词一般都有功能上的转化，如"很中国""太奶油""特知音""非常生活""比芙蓉姐姐还芙蓉"等结构中的名词在表述功能上已经由指称转化为描述。而与限定性副词直接组合的名词则大多依靠自身固有的语义特征。因此，有必要对"限定性副词＋名"现象单独加以研究。

3.3.1 "限定性副词＋名"结构中"名"的构成

对于"副＋名"结构可以从副词和名词语两个方面进行分析。我们这里先从"名"入手。张谊生（1990）提出"副词之所以能够修饰名词，其深层的原因和制约的因素其实并不仅仅在于修饰语副词，而主要在于那些被修饰的名词"，并把副名结构中名词的特点归纳为五个方面：顺序义、类别义、量度义、动核化、性状化。在此基础上，我们发现能够进入"限定性副词＋名"中"名"的位置的主要有以下几类：

一是"数＋量＋名"结构。汉语的"数（＋量）＋名"结构可以直接作谓语，因此可以受副词的修饰，如：

（123）张晓光三十多岁。

张晓光刚三十多岁。

张晓光最多三十多岁。

（124）这块地十五亩。

这块地才十五亩。

这块地不过十五亩。

二是顺序义名词语。包括本身含有顺序义的时间名词和在语境中临时获得了顺序义的其他名词性成分（马庆株，1991、1998），如：

（125）现在刚雨水，清明还早着呢。

（126）才沈阳啊，什么时候到天津啊？（"沈阳→天津"属临时获得了

顺序义）

三是含有级别义的名词性成分，主要是指人名词或组织机构名词，如：

（127）我才副教授，人家都博导了。

（128）他才预备党员，人家都党委书记了。

四是含有类别义的名词性成分。如：

（129）洪水造成了巨大损失，单早稻产量就减少了四十万斤。（张本）

（130）独西餐吃不惯，其他方面都还能适应。（ccl）

（131）屋子里光书。

（132）仅部分会员参加了这次年会。（张本）

（133）可是，净咱一个人儿对得起政府不行啊，这得大伙齐心哪。（老舍《龙须沟》）

（134）就老王一言不发。①

3.3.2 限定性副词对名词语的不同选择

从副词这一方面看，不能直接后加名词的几个词（单独、但、徒、徒然、专、专门）都属于 WF。这几个副词都是只能限制动词或介词短语的，对此我们在前面有关章节（2.2.5 小节和 3.2 小节）已经做过讨论。这里只讨论能直接后加"名"的限定副词。在这里我们仍然会注意到 LF 和 WF 对"名"的选择有所不同。

仔细观察上一小节的例句，我们发现 LF 倾向于后接"类别义"以外的其他三类名词性成分（即"基数 + 量 + 名"结构、顺序义名词语、级别义名词语），而不能后接"类别义"名词，而 WF 则倾向于选择"类别义"名词语。见上述各例，再如下面的句子就不合语法：

（135）* 才老王一言不发。

（136）* 屋子里最多书。

（137）* 那块地光十五亩。

---

① 张谊生（1990、2000）提出"凡名词，就会具有类别义"。我们这里用"类别义"特指没有数量词修饰，且不具有顺序、级别、量度等语义特征的名词语，多为光杆名词。

（138）*他单预备党员，人家都党委书记了。

（135）、（136）为 LF+ 类别义名词语，（137）、（138）为 WF+ 数量名／级别义名词语，所以不合语法。

以上不同选择只是就大体的情况而言，进一步考察我们会发现还有两个特点需要说明，一是 LF 不能修饰"序数（＋量）＋名"，而 WF 可以。如：

（139）才三个班参加会战。

（140）*才三班参加会战。

（141）光三班参加会战。

（142）那个区才三道街就有五趟公交车。（"三道街"为"基数＋量＋名"）

（143）*那个区才三道街就有五趟公交车。（"三道街"为"序数＋量＋名"）

（144）光三道街就有五趟公交车。（"三道街"为"序数＋量＋名"）

二是当上述"顺序义"之外的其他三类名词性成分的"指称"义得到强调，而"量"的意义被忽视时，可以接受 WF 的修饰，此时这些名词性成分被凸显出来的是范围的唯一性（见 2.1.3 小节）。如：

（145）光十五亩地就够他累的了。

（146）这个支部单预备党员就比去年增加了 30%。

（145）"十五亩地"指的是"农业劳动"，重音在"地"，而不在"十五亩"，因为说话者强调的是"什么"①，而不是"多少"。（146）中"预备党员"突出的是指称功能，而不是作为"预备党员＋党员"这一序列的一级。

由此可见，"限定性副词＋名"结构中"副"和"名"之间具有选择关系，这种关系又分两种，一种是 LF 总是选择顺序义名词语、级别义名词语和基数＋量＋名，而 WF 总是选择类别义名词和序数（＋量）＋名。LF 与 WF 在对名词语的选择上呈现出互补性，我们可以把这种选择叫作规则性选择关系。另一种是在一定条件下，WF 也可以修饰顺序义名词语、级别义名词语和基数＋量＋名结构，我们把这种选择叫作变通性选择关系。如图 10 所示。

---

① 参见朱德熙（1982）。按照朱德熙先生的有关说法，可以用"什么"来代替的成分是指称性成分，而可以用"怎么样"来代替的成分是陈述性成分。

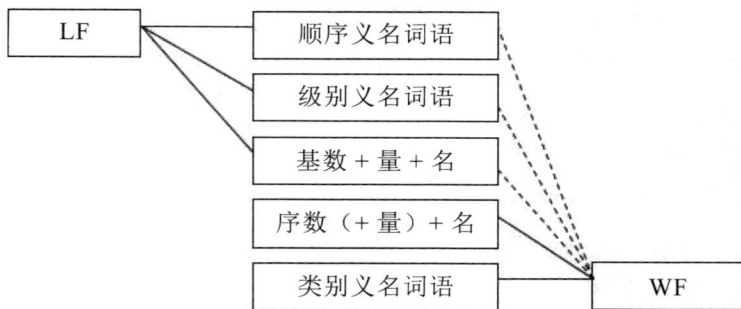

图 10　LF 与 WF 在对名词语选择的规则与变通

说明：实线表示规则性选择关系，虚线表示变通性选择关系。

3.3.3　限定性副词所修饰名词语的句法功能

这里只考察"限定性副词＋名"结构中的"名"作句法成分的能力。我们发现，LF 和 WF 所修饰的名词语可充当的句法成分也不相同。下面分别讨论。

3.3.3.1　受 LF 修饰的名词语可以作主语、谓语和状语。

作主语，此时后面往往有"就"配合使用，如：

（147）不过／顶多／至多／最多二三十里的路程就把你难住了？

（148）才三个人参加劳动。

（149）刚初中生就要谈恋爱？

作谓语，如：

（150）从他家到单位不过／顶多／至多／最多 20 分钟。

（151）这个班才 11 个学生。

（152）他上大学那年刚 17 岁。

作状语，如：

（153）不过／顶多／最多两三年，他就能独当一面了。

（154）才／刚两分钟，水就开了。

受 LWF 修饰的名词语也都能充当上述三个句子成分，如：

（155）仅部分会员参加了这次年会。　（张本）（主）

（156）雷锋同志牺牲时，年仅 22 岁。（谓）

（157）仅（仅）三个月，他们就花光了一万元。（状）

（158）只老王知道这件事。（张本）（主）

（159）离开车只五分钟了。（张本）（谓）

（160）只一顿晚饭，他就花了近千元。（状）

（161）就老王知道这件事。（主）

（162）输赢就一把牌，不到北风北（"北风北"为麻将游戏中最后一把牌），你着什么急。（电视剧《红男绿女》）（谓）

（163）就这点儿事，你们就让人家退学？（状）

3.3.3.2　受 WF 修饰的名词语一般只能作主语。如：

（164）她花钱大手大脚，单一件羊毛衫就花了三百多元。（张本）

（165）独老李沉默不语。（张本）

（166）光他自己讲了半天，别人都没说什么。

（167）我游览过许多名胜古迹，唯长城最难忘。（张本）

（168）家里三个孩子，偏他自己上了大学。

（169）大家都笑了，唯独赵小宣不笑。

例外的是"净"和"光"。"净"只能修饰作谓语的名词语，而"光"在口语中也可以修饰作谓语的名词性成分。如：

（170）他钓的净小鱼，没大鱼。

（171）屋子里光书。

此时的"净"和"光"具有成句功能，如果去掉，句子就不成立。如：

（172）*他钓的小鱼，没大鱼。

（173）*屋子里书。

这是因为，这样的句子中副词后面可以看作省略了"是"字，而这个"是"字的功能被副词和名词语分担了，所以两者缺一不可。

3.3.4　"限定性副词＋名"结构的表意特点

"限定性副词＋名"结构在表意上最大的特点是，其所在小句在表意上不自足，需要有前言或后语搭配才能表达完整的意思。这可以从两个方面来证明。

3.3.4.1　LF 修饰名词

LF 修饰名词又可分为两种情况：

一是 LF 修饰作主语和谓语的名词。LF 常表示一种"因为比较而觉得少"的意味，因此，LF 修饰名词所在的句子一般都表示对比，而对比至少要有两项，表现在句子形式上一般要求有两个小句才能表达一个完整的对比意义。如：

（174）从他家到学校不过 / 顶多十分钟的路，不用走得太早。

（175）这个班才 11 个学生，不能开课。

（176）刚上初中就谈恋爱，太早。

汉语母语者对这些句子中前后两个小句的对比意义是不难体会的。

二是 LF 修饰作状语的名词语。从传达信息的角度看，时间和空间往往只提供一种活动或一个事件的背景信息，而人们在交谈中往往对作为前景的活动或事件更为关心。而作状语的时间或空间名词只能提供背景，因此所在小句在语义上就很不完整。如：

最多两三年

才 / 刚两分钟

仅三个月

这些例子就需要补出相应的前景信息才完整，如上面例（153）、（154）、（157）。

3.3.4.2　WF 修饰名词

这也要从 WF 本身的语义出发。WF 用在名词性成分前很大程度上是指出某种例外或特例[①]，如前面一小节例句，其中例（165）、（166）、（169）是指出例外，例（164）、（167）、（168）是指出特例。

而例外和特例都是相对某个范围而言的，因此仅仅交代例外或特例就信息传递来说还是不完整的，表现在句子形式上往往要交代相应的"范围"或

[①] 张谊生（2001）指出唯一性范围副词可以分为表例外和表特例两种，张亚军（2002）对此持不同意见。我们同意张亚军的看法，同时也承认张谊生的关于"例外"和"特例"这两种提法在很大的程度上概括了唯一性范围副词的功能。

对应的情况等等背景信息。如上面诸例。

总之，"副 + 名"在汉语中是一种客观存在的现象，这种现象体现了汉语句法的灵活性和表达的简洁性。

3.4 限定性副词的重叠

3.4.1 关于副词和限定性副词的重叠

3.4.1.1 关于副词重叠的不同看法。对于副词可否重叠，学者们有不同看法。有的认为副词不能重叠，如黄伯荣（1956）："形容词能重叠，或加上重叠的音节。副词不能。"郭翼舟（1984）："有些副词如'渐渐、刚刚、常常、仅仅'等只是从单音节的词发展成为双音节的词。并不是重叠形式。"①有的则认为副词能够重叠。如丁声树（1961）、朱德熙（1982）认为副词有重叠式。段业辉（1987）、齐沪扬（1987）、王继同 (1989)、张谊生（1997）等也都认为一部分副词可以重叠。之所以有不同看法，主要在于各家对于重叠的理解不同。持前一种观点的学者认为汉语副词只有从单音节形式经过构词重叠发展为双音节形式，而没有单音节副词的重叠式，如"刚刚、仅仅"等形式是一个词，而不是所谓原式的重叠形式（郭翼舟，1984）。而后者如齐沪扬（1987）认为，"重叠就是整个的词或词中语素的重复"。显然，这种重复在现代汉语副词中是存在的。对副词重叠问题已经引起越来越多的关注，成果也比较多，除了上面提出的这些论著之外，还有赵晶（2007），以硕士论文形式对副词的重叠问题进行的专题研究。

3.4.1.2 我们认同现代汉语中的副词有重叠形式的说法。同时，我们在此给出一个共时的形式判别依据：即在现代汉语中，当一个叠音副词只能以 [AA] 形式出现，而不能以 [A] 形式出现时，我们认为它是一个词；而当一个词既能

---

① 黄、郭的说法转引自齐沪扬（1987）。

以 [AA] 形式出现，又能以 [A] 形式出现，且两种形式基本语义没有差别时，我们就认为 [AA] 形式是 [A] 的重叠式①。

3.4.1.3　我们按照上一小节给出的形式判别依据进行语料调查，发现能够重叠的限定性副词有以下 6 个：

　　　单：单单　　　　独：独独　　　　刚：刚刚

　　　光：光光　　　　仅：仅仅　　　　偏：偏偏

这个数量虽然不多，但按王继同（1989）对《现代汉语词典》的统计，可重叠单音节副词共有 37 个，大约占单音节副词总数的 21%，这个比例比起可重叠单音节形容词和单音节名词在各自范围内所占比例都要大。而我们调查的这个数字在我们所统计的限定性副词（共 23 个，见 1.2.2 小节）中所占比例则更大，占 26% 以上。因此我们觉得有必要对其进行单独研究。

3.4.1.4　从上一小节调查的结果来看，我们发现限定性副词在能否重叠这个问题上有两个特点：一是双音节的限定性副词不能重叠；二是可重叠的单音节限定性副词多为 WF。因此我们这里主要考查 WF 的重叠情况②。

　　下面我们从这几个副词的基式和重叠式之间在语音、语义、句法等方面存在的差异出发，分别讨论重叠后的这几个副词的特点。并且，在此基础上，尝试探讨一下这些单音节副词重叠的语用价值。为行文方便，本文把单音节 WF 的基式写作 WF¹，把它的重叠形式写作 WF²。

3.4.2　WF² 的语音、语义和句法特点

3.4.2.1　WF² 在语音上的特点

　　这个问题涉及两个方面，一是重叠前后音节轻重是否有变化；二是重叠前后是否对所搭配的成分有音节上的不同要求。后者虽不属重叠式本身在语音上的特点，但与之不无关系，所以放在这里一起讨论。

---

　　① 这里我们借鉴了汤廷池（1978）。汤先生认为，像"单单"这样的副词"只能以 [AA] 的形式使用，不能以 [A] 的形式使用，因此，似应做独立的叠词处理"。当然，汤先生这个观点与本文的观点不一致。

　　② 对"刚刚"邢福义等（1990）做了全面讨论，可参阅。

3.4.2.1.1　对于单音节副词重叠式的语音特点，研究者们也有不同的意见。段业辉（1987）指出，"同重叠的动词和形容词相比较，重叠副词的第二个音节不读轻声，没有例外"。持这一观点的还有李媚乐（2005）。而王继同（1989）指出，单音节副词 AA 重叠式的语音形式不尽一致，"口语色彩浓的在北京话中有的是变形重叠，后 A 念高平调，带儿尾；书面色彩浓的是不变形重叠，不带儿尾"。并且，"就一些标准的普通话广播录音材料分析，单音节重叠 AA 式音强上一般是前重后轻"。对于这种分歧的意见，我们随机调查了身边的人，结果显示，多数人认为没有变化，AA 发音同样重；少数人认为有变化，前重后轻；还有少部分人无法肯定是否有变化。我们认为，虽然存在着这种分歧，但有一点可以肯定的是，单音节唯一性范围副词重叠后，前后两个音节的轻重变化不十分明显[①]。对此还有一个似乎可以作为证据的是一般的工具书对 AA 式词的注音，如果前重后轻，后一个音节不标声调，如果两个都不轻读，两个声调就都要标出来。前者如爸爸 (bàba) 妈妈 (māmā)。而对我们所列的副词重叠式的两个音节都标出了声调（见《现代汉语词典》相关词条）。

　　但讨论孤立的 AA 式前后音节的轻重不易得出人人都同意的意见，从韵律句法学的理论上说，两个音节组成一个音步，在音步之内这两个音节相对而言必然一轻一重，而不可能都轻或都重冯胜利，（Liberman 提出著名的 Relative Prominence Principle。汉译为"相对轻重原则"，见冯胜利，2000）。只不过这种一轻一重的区别在限定性副词重叠式中不太明显罢了。

3.4.2.1.2　从对所搭配成分音节数量的要求上看，多数研究者的意见比较一致，王继同（1989）的观点有一定的代表性。他认为，总的来说，一般副词重叠式不能同光杆单音节谓词搭配，而与之相对应的单音节基式则只能同单音节谓词搭配。但同时又承认"情况错综复杂，几乎每对副词都有特殊性，难以作出完全令人满意的概括"。我们发现，除 [WF+V+ 不 +V] 这种近似固定搭配的格式不允许 WF² 进入（而且这几个词中只有"光说不练——* 光光说不

---

　　① 当然，最好的办法是用仪器测试，但考虑到测试也需要不同的被试，也可能会有不同的结果，加上条件的限制，我们只好采取了随机调查这种变通的办法，接受调查的人包括我的家里人、我孩子的部分同学、我的部分同学等。

练"可以从这个角度考虑）之外,其他情况下 WF¹ 和 WF² 都不受这个限制。每个相对应的 WF¹ 和 WF² 之间,可以根据表达的需要而换用,而跟其所限制成分的音节数无关。例如:

（177）单凭这一点,还无法判定他有罪。（张本）→

　　　单单凭这一点,还无法判定他有罪。

（178）通知的人都来了,独缺了小王。→

　　　通知的人都来了,独独缺了小王。

（179）亚都从开始就认为,实现产业化有多种途径,不光是买地、建厂房。（ccl）→

　　　　亚都从开始就认为,实现产业化有多种途径,不光光是买地、建厂房。

（180）他们仅用了有限的经费,就办起了这所幼儿园。→

　　　他们仅仅用了有限的经费,就办起了这所幼儿园。

（181）那么多好东西不吃,偏爱吃这个。→

　　　那么多好东西不吃,偏偏爱吃这个。

　　另外,WF 还有一个比较个性化的特点是它可以直接用在名词性成分前。语料显示,在名词性成分前面时,这些相对应的 WF¹ 和 WF² 之间可以自由替换,而且对其所限制的名词语的音节数没有区别性的要求。如:

（182）单你们班那几个人不够。→

　　　单单你们班那几个人不够。

（183）独这几朵小花,在肃杀的秋色中格外显眼。（ccl）→

　　　独独这几朵小花,在肃杀的秋色中格外显眼。

（184）光一句"不行"就把你挡住了?→

　　　光光一句"不行"就把你挡住了?

（185）仅九个月,一幢摩天大楼已拔地而起。→

　　　仅仅九个月,一幢摩天大楼已拔地而起。（张本）

（186）这包衣服中,偏这件有点毛病,让你给挑上了。（张本）→

　　　这包衣服中,偏偏这件有点毛病,让你给挑上了。

　　值得注意的是,WF¹ 和 WF² 都很少用在单音节光杆体词或谓词之前。经过调查,"你""我""他"等单音节人称代词和少数单音节动词可以受它们的限制,并且必须带有其他补足性成分,而且,并不是所有的 WF¹ 和 WF² 都

可以用在这几个单音节成分之前,如:

（187）别人都去,单／单单他不愿意去。

（188）家里那么多人你不去想,独／独独想那个非亲非故的王老五。

（189）光／？光光你能？

（190）？每个班里仅／仅仅剩四五个人。

（191）别人都不吱声,偏／偏偏你有本事。

3.4.2.2　WF² 在语义上的特点

　　我们这里所说的语义是指基本意义,不包括附加的语气和感情色彩等（对于后两者我们将在 3.4.3 节讨论）。张谊生（1997）观察到,副词由基式到重叠式,词义上会发生"缺略""增添""偏重""分化"等几种不同的变化。我们发现,如果不计副词的语义差别以及由语义差别决定的小类差别的话,确实这几种变化都是存在的。而我们考察的这些词是限定性副词这个小类范围内,在单表"唯一性"这个语义基础之上的。这样,我们发现 WF¹ 和 WF² 在义项的数量上没有增或减,在词义上也没有"偏重"和"分化"的现象发生。下面以"独"为例[①]来看一下这种情况。

　　张斌主编《现代汉语虚词词典》中"独"共有四个义项:

　　1. 用在单音节动词或形容词前面,表示动作、行为是个别进行的,或情况是个别发生的,意思相当于"独自";

　　2. 用在动词短语或形容词短语前面,表示动作、行为、情况的排他性、唯一性,意思相当于"只""仅";

　　3. 与"有"字结合成"独有",用在名词性词语前面,限制事物的范围,表示是排他的,唯一的,意思相当于"只""仅";

　　4. 也可以直接用在名词前面,意思相当于"只有",此时可看作省略了"有"字。

　　对"独独"的释义是:

　　与"独"的 2 项、4 项的用法相同,但强调的意味更浓。表示事物、行为、

---

　　① 齐沪扬（1987）和张谊生（1997）都曾把"独"和"独独"作为重叠式比基式义项少的例证。我们的出发点与此不同。

情况的唯一性、排他性,意思是"只""仅""偏"。

这样看来,"独独"确实是"缺略"了"独"的第 1 项义项①,并且也可以说是"增添"了"强调意味更浓"这一项。但仔细分辨之后我们会发现,"独"的第一个义项一般被叫作"方式副词",与其他义项(限定性副词)属于不同的小类;而"增添"的"强调意味更浓"只是在程度上加强了原来就有的"强调意味",并没有增添原来所无的义项。如果把"独"和"独独"限制在唯一性范围限定副词这一小类之内,并且在意义上相当于"只""仅"这一条件下讨论它们的义项,我们会发现这里并没有增加或减少什么,而且在多数句子中,两者可以互换而不影响语句基本意义的表达,如:

(192)检查人员追问究竟是哪三证,一般的回答是:生产许可证、税务登记证和卫生批准文号之类的,独/独独没有医疗器械注册证。(ccl)

(193)在这种区域文化构成的中华文化的合唱中,却独/独独听不到那来自中原的声音。(ccl)

其他可重叠 WF 也是如此,WF¹ 和 WF² 可以互换而不影响句子基本语义的表达,可参见上节诸例,这里再补充几例:

(194)干工作不能单/单单凭经验。

(195)这座大桥仅/仅仅半年就完工了。

(196)大家都去了,偏/偏偏他一个人不去。

(197)柯林斯先生所爱慕的才不光/光光是她们呢。(ccl)

3.4.2.3　WF² 在句法上的特点

WF¹ 和 WF² 在句法上的主要差别在于搭配功能的不同上。以往研究者(如段业辉 1987、齐沪扬 1987、王继同 1989 等)对副词的重叠式和基式在搭配上的异同进行考察时主要着眼于以下几个方面,即音节的要求、是否定位、附加否定词的情况、能否带"de(地)"等。音节上的搭配我们已经在 3.4.1.1 节中讨论过,这里重点讨论是否定位、附加否定词情况、能否带"de(地)"以及跟"是"的配合。

---

① "独"的第三个义项是从固定搭配的角度对"独"的一种说明,与其他三项从一般语法搭配角度的解释不属于同一层次,但工具书上这样的安排是必须的。

3.4.2.3.1　是否定位。所谓定位,指的是这些词是否紧挨在所修饰的成分前面。从这一点看,这些 WF 也表现出不同于其他副词的特殊性。其他副词的基式一般是定位的,重叠式则不定位。如:

（198）天色渐暗了→

　　　＊渐（地）,天色暗了

（199）天色渐渐（地）暗了→

　　　渐渐地,天色暗了

（200）敌人趁着天黑偷跑了→

　　　＊偷敌人趁着天黑跑了

（201）敌人趁着天黑偷偷（地）跑了→

　　　偷偷地,敌人趁着天黑跑了

这两个情状 / 方式副词的基式是定位的,而重叠式可以换位到主语之前,但所修饰的仍然是后边的动词。

根据我们的调查, WF^1 和 WF^2 都是定位的,因为 WF 可限制的不仅是谓词性成分,还可以限制体词性成分和其他修饰性成分,所以它们处在哪个成分前,就能限制那个成分。也就是说,它换到一个新位置后,它的辖域会发生相应改变,它所限制的成分也相应地变为位置在它后面的那些成分。比如, WF 换到主语之前,它就能修饰那个主语。如:

（202）他仅读过四大名著→

　　　仅他读过四大名著

（203）他仅仅读过四大名著→

　　　仅仅他读过四大名著

无论怎样换位,仅 / 仅仅都能限制它后面的成分。所以说 WF^1 和 WF^2 是定位的,它们定位在所限制的成分之前的位置。

另外,有的副词重叠式除限制谓语之外,一般还可以做全句修饰语。如:

（204）渐渐地,待公社干部再来时,二贝索性就钻进屋里去。（ccl）

而 WF^2 中似乎"偏偏"可以这样用,如:

（205）偏偏,车子又停下了。（段业辉 1987 例）→

这时的"偏偏"已经完全是一个语气副词而不是我们所说的 WF^2 的用法了。

3.4.2.3.2　附加否定词的情况。已有的研究对副词重叠式和基式与否定词的搭配情况也有所关注，其中齐沪扬（1987）和王继同（1989）的观察比较细致，对于我们所讨论的 WF 的情况都有涉及，主要讨论是否可以附加否定词以及是"前加"还是"后加"等情况，为我们在这里的研究指明了方向。但研究者们有两个共同的特点，一是没有区别这样两种情况：①副词在否定的辖域内，②否定在副词的辖域内；二是没有把所有的否定词都考虑在内。相应地，所得出的结论也不很具体。我们先把他们的研究引到这里，然后再进行讨论。先看齐沪扬（1987）：

　　　　副 1（基式）和副 2（重叠式）在附加否定词时，呈现出复杂的情况：否定词必须出现在副 1 和副 2 前面的，如单——单单、仅——仅仅等；否定词必须出现在副 1 和副 2 后面的，如万——万万、断——断断、死——死死、偏——偏偏等；否定词既能出现在前面，也能出现在后面的，如，早——早早……否定词位置在副 1 和副 2 上呈对立关系的，如明——明明、独——独独……

　　　　从这里所举的情况看，否定词出现在前面的，取的角度是"副词在否定的辖域内"，而否定词出现在后面的，则是"否定在副词的辖域内"了。如果不区分这两种情况，那么，有些结论就可商榷了。比如，当否定在副词的辖域内时，否定词当然可以出现在"单——单单""仅——仅仅"等之后了，这样，就不是"必须出现在前面"了，如：

　　（207）这个学生什么课都听，单／单单不听语言学的课。

　　（208）仅／仅仅不愿意承认错误还不是他的全部缺点，他根本就是不负责任。

　　　　否定在前还是在后，只是否定的范围大小起了变化，并不是绝对的不可加在前面或后面。再比如"独——独独"在同否定词的相对位置上也不是完全对立的，如：

　　（209）壮语、布依语、畲语、拉珈语等语言，都有动词重叠表尝试的现象，不独汉语一种语言所有。（ccl）

　　（210）乔兄啊，更可怕的还在后面，因为不战而弃，我们让出去的不独独是这万里的大好河山……（ccl）

　　（211）大伙儿都到得差不多了，独不见小林他们组的人。

　　（212）这孩子谁的话都听，独独不听他爹的。

再看王继同（1989）（篇幅所限，这里只截取王继同先生成果中与本研究有关的部分）：

表4　AA、A与否定词语搭配情况一览表

词例	前带	后带
单单—单	AA— A+	—
独独—独	AA— A+	—
光光—光	AA— A+	—
仅仅—仅	AA— A+	—
偏偏—偏		+

原说明："+"表示常见情况，" —"表示少见情况，空白表示一般不。

从我们考察的结果看，王继同先生这一描写是准确的。但是如果把"并非""并不""并没有"等也看作否定词考虑进来的话，情况又有不同了。无论是A还是AA之前都可以加上这个词，即使如"偏偏—偏"这样一般不能前带否定词的也可以前带"并非"。如：

（213）王老师这话是对大伙说的，并非偏／偏偏针对你一个人。（ccl）

（214）《"杀人街"的故事》走红了——并非单单因表现"杀人"而走红，全剧更显示着一种力度和深度。（ccl）

这跟"并非"这类词的属性有关，它们是公认的逻辑否定算子，它可以自由地加在任何命题上来改变命题的真值，在语言中常用来否定引述的内容。同时，它的位置必须在句首或紧随主语之后。

下面这两句也没有问题：

（215）其实，王老师那话是对大伙说的，没有偏偏针对他一个人。

（216）他们也主动承担了部分责任，没有偏往你一个人身上推。

当然，这两句中的"没有"在用法上已经等值于"并没有"，用来纠正与说话人所认定事实相反的情况。

实际上，如果把我们前面所说的因素都考虑在内的话，所得结果不同是必然的。下面是我们对ccl中WF[1]和WF[2]同否定词搭配的调查结果：

表5　现代汉语中WF¹和WF²同否定词搭配调查表

辖域 / 词例	[副词]∈[否定]（前加）			[否定]∈[副词]（后加）		
	不	没有	并非类	不	没有	并非类
单—单单	+WF¹+WF²	—	+WF¹+WF²	WF¹—WF²+	WF¹—WF²+	
独—独独	+WF¹+WF²	—		WF¹—WF²+	WF¹—WF²+	
光—光光	+WF¹+WF²	—	+WF¹—WF²	WF¹—WF²—	WF¹—WF²—	
仅—仅仅	+WF¹+WF²	—	+WF¹+WF²	WF¹—WF²+	WF¹—WF²+	
偏—偏偏		—	+WF¹+WF²	WF¹+WF²+	WF¹—WF²+	

　　说明：[副词]∈[否定]表示副词在否定的辖域内，[否定]∈[副词]表示否定在副词的辖域内；"+"表示常见情况，"—"表示少见情况，空白表示没有该情况。

3.4.2.3.3　从能否带de(的/地)上看，WF¹和相对应的WF²之间有些不同，WF¹无论修饰体词性成分还是修饰谓词性成分都不能带de(的/地)，而WF²大都可以带。不过语料中WF²带de(的/地)的情况也不多。发现的主要有以下几个可带。

　　单单、独独、偏偏。如：

　　（217）对这些书，单单地看是不够的，还要去理解，去思考。

　　（218）单单的杀人究竟不是文艺，他们也因此宣告了一无所有了。（鲁迅《二心集·黑暗的中国文艺界的现状》）

　　（219）就像那云破日出，突然露出一束霞光，独独地照在你身上一样。（ccl）

　　（220）偏偏地把老张给拉下了。（杨德峰2002用例）

　　杨德峰（2002）认为例（220）中"偏偏"是语气词，我们认为这里的偏偏基本词义是WF，兼表语气。我们认为，这几例中WF²带de(的/地)可能跟作者的习惯有关，这些句子中的de(的/地)都可以删除而不影响句义。杨德峰（2002）对重叠式副词可带"地"的情况，从认知和类推上进行了解释。

3.4.2.3.4　与"是"的搭配。下面是我们对 WF¹ 和 WF² 修饰"是"情况的调查结果：

单 ＋	独 —	光 ＋	仅 ＋	偏 ＋
单单＋	独独？	光光＋	仅仅＋	偏偏＋

古川裕（1989）比较全面地考察了副词修饰"是"的问题，指出，在可重叠的副词中，一般地说，基式能修饰"是"的，重叠式也能修饰"是"，基式不能修饰"是"的，重叠式也不能。同时，从他文章所列附表中可以看出，在可以修饰"是"的副词中，副词的重叠式可以非常自然地修饰"是"。我们的观察证明了古川裕先生的结论是可靠的。唯一稍有出入的是，他在文章中特别指出，当"独独"的意义等于"仅仅"时，可以修饰"是"，举例为"真奇怪，独独是小王没来"；而单用的"独"表"独自"，不能修饰"是"。我们观察的结果是，即使"独"表"仅／只"义时也不能修饰"是"，而且"独独"修饰"是"的情况在语料中没有发现，古川裕先生例句中的"独独"似可理解为"偏偏"。

同时我们发现，"WF²＋是"里的"是"对句义来说是可有可无的。

总之，WF¹ 和 WF² 在语音和基本语义上没什么差别，在句法上的表现也是大同小异。然而正如语言学家们所主张的，一种语言形式的存在必有其价值。我们的观察发现，WF² 的存在正是因为他有不同于 WF¹ 的独特的语用价值。

3.4.3　WF² 的语用价值

对于重叠的动因问题已经引起很多语言学者的兴趣（见张敏 1997，华玉明 2002a、2002b 等）。反过来看，就语言形式而言，其形成的动因也往往就是其存在的价值所在。参照以往的研究，我们发现 WF² 的使用主要是为了满足表达的需要，其语用价值比较突出，具体说有以下几个方面：

一是表意价值：增强限制度和增加感情色彩。

首先，当句子使用 WF² 表列举时，后面往往有表示"数量大""难度大"等意思的语句，这些后句中所表达的意思恰好从反面证明了 WF² 具有较强的限制度，从而使语句表达内容的重要性或严重性得到了强调。如：

（221）单单两千万人下放这一件事情，就不容易呀。（ccl）

（222）检查委员会的材料说明，也是在这一两年白银黄金大量走私到香港，单单这一笔，就使国家损失大量外汇。（ccl）

（223）1981年，单单在英国，死于心脏病的人就有25万人之多。（ccl）

（224）单单一只花篮，竟义卖高达30万元（相当于现在的几百万），这样的纪录是空前的，恐怕也是绝后的。（ccl）

其次，使用WF²的句子可以增加WF¹句所没有的感情色彩，如：

（225）仅他读过四大名著。

（226）仅仅他读过四大名著。

例（225）是客观陈述，感情色彩属中性，而例（226）则可能带有惊讶、遗憾或批评等感情色彩。再如：

227）别的孩子都在家务农，偏你念了大学。

228）别的孩子都在家务农，偏偏你念了大学。

两句虽然都有感情色彩，但例（228）明显比例（227）强烈得多。

二是修辞价值：实现节律的整齐和谐。如：

（229）延边人再不单单津津乐道于巍巍长白山、悠悠天池水，原始森林里的千年山参、不老草，他会说，延边有700多公里的边境线，5个边境县市，600多个边境村。（ccl）

（230）令人惊异的是，两侧涧中流水淙淙，林木郁郁，为何独独古城荒芜如斯，千年竟不发一木？（ccl）

这两例中，如果把"单单"换成"单"，或"独独"换成"独"都会影响语句的韵律和谐。

三是语体价值：口语性强。

（231）再说一堆里共舞的老哥老姐这么老多，成百上千，你能单单笑话我们哪个？（ccl）

（232）噢，要是光光就凭这点理由，我才看不起那些住在德比郡的青年人呢！（ccl）

WF¹多出现在书面语中，而WF²多活跃在口语中，如"单/单单"，据我们对《毛泽东选集》第一卷的调查，文中"单"出现7次，而"单单"只出现1次。齐沪扬（1987）对此有比较合理的解释，他认为重叠式是从基式发展出来的，时间上晚于基式，因此不用在文言句式中是必然的。

3.5　不过、顶多、至多、最多

3.5.1　从表意、句法和语用角度分析"不过、顶多、至多、最多"

本节从表意、句法和语用角度对这四个近义副词做了梳理和进一步辨析，并从知识表达层面就这几个副词的教法进行了探讨。这四个词明显的区别特征在句法和语用层面，并且这种区别在于词汇化程度的不同；只就教学而言，它们在语义层面上的区别可以忽略不计。

3.5.1.1　"不过、顶多、至多、最多"作为副词比较常用，从词义和用法上也都有相近的地方。从词义上看，都有"限制最大量、往小里说"的意味，表示主观小量，因此很多工具书上对它们的释义语言也都大致相同。表6列举了几部常用工具书对这几个词的解释。

表6　几部常用工具书对"不过、顶多、至多、最多"的解释

	《现代汉语词典》	《现代汉语八百词》	《现代汉语虚词例释》	《现代汉语虚词词典》（张斌）
不过	表程度最高；往小里或轻里说	仅仅；往小里或轻里说	跟"仅仅、只是"等相近，轻视，往浅处说	限制范围，意为"只、只是、仅仅"
至多	表最大限度	表最大限度	表示最大限度或最大可能性，多用于估计	表示最大限度的估计、要求或承诺
顶多	未收	未收	常用词组，充其量。可用于估计	未收
最多	未收	未收	固定格式，表示最充分估计或某种限制	用于估计数量，表示最高限度

在实际语言运用中也多能互相替换而不影响句子的基本意义，如：

（233）当年他参军的时候不过 17 岁。

当年他参军的时候最多 17 岁。

当年他参军的时候顶多 17 岁。

当年他参军的时候至多 17 岁。

在用法上,它们都既可以直接用在数量短语前面（如上例各句）,又可以用在动词前面,如:

（234）但是,文艺家的话其实还是社会的话,他不过感觉灵敏,早感到早说出来。（曲阜师大《现代汉语常用虚词词典》）

（235）老王寻思,搬家又搬到哪里去呢? 至多能从江岸上搬到悬崖下。（同上）

（236）汽车用油出了问题,顶多打不着火,换新油就是了。

（237）一个重大决定是友谊赛不再能无限制换人,而是被限制为每队最多换 6 人。

3.5.1.2　本文只谈这几个词作为限定性副词时的异同。需要说明的是,这里边的“顶多”和“最多”,很多工具书都没有把它们作为词条收入,但有学者在专著中把它们列入副词,如张谊生（2000）张斌（2010）等。我们认为,“他的成果最多”和“他最多是个讲师”中的“最多”不是同一层级的语法单位,“他下的功夫顶多”和“顶多派个巡警过来”中的“顶多”也不是同一层级的语法单位。前者是短语,后者是词,或者至少是处于如董秀芳（2011）所说的习语化（idiomization）阶段。从教和学的角度考虑,把“顶多”和“最多”各自作为独立完整的词来看待也会带来很多方便,因此,在本文中我们把它们当作词来分析。为行文方便,下文我们把除“不过”之外的其他几个副词记作“～多”类副词。

3.5.2　“不过”与“～多”类副词的异同

从构词上可以很容易把“不过”同三个“～多”类副词分开,前者为“否定副词＋动词”,后者为“程度副词＋形容词”。进一步考察显示,“不过”与“顶多”“至多”“最多”在语义、句法和语气上也有一些不同,主要有:

3.5.2.1　在语义上,“顶多”“至多”“最多”和“不过”都可以表示说话人对数量的最高估计或推测,如:

（238）我看他不过三十岁。

（239）我看他顶多 / 至多 / 最多三十岁。

两个句子在意思上没有不同，都表示说话人对年龄的最高推测。但"不过"与"～多"类副词还有以下两点不同。

3.5.2.1.1　"顶多""至多""最多"还可以表示说话人对数量或情况的最高要求或最大限度的承诺，而"不过"不可以这样用。如：

（240）你顶多 / 至多 / 最多可以晚回来三天。（表估计、表要求均可）

（241）你不过可以晚回来三天。（表估计可以，表要求不可以）

（242）我顶多 / 至多 / 最多给你买根冰棍儿。（表承诺可以，不表示客气）

（243）我不过给你买根冰棍儿。（表承诺不可以，可以表示客气）

3.5.2.1.2　"不过"可以表示客气，见上面例（243），但"～多"副词不可以表示客气，见上面例（242）。

3.5.2.2　"不过"和"～多"类副词在句法搭配上有以下不同。

3.5.2.2.1　在句法上，它们都可以和"只"连用，但"不过"与"只"连用时常处于"只"的后面，而"顶多""至多""最多"与"只"连用时常处在"只"的前面。如：

（244）他只不过开个玩笑。→

（245）？他不过只开个玩笑。

（246）他不会参加的，顶多 / 至多 / 最多只给咱们出出主意。→

（247）＊他不会参加的，只顶多 / 至多 / 最多给咱们出出主意。

例句（244）和（246）明显好于（245）和（247）。

3.5.2.2.2　"不过"和"～多"类副词对后面加"是"和"有"的选择上也具有不同的倾向性。表 7 是我们对 CCL 的粗略统计[①]。

---

① 在检索 CCL 时，因为检索项"不过有"中"不过"作连词的较多，因此我们把"多不过有""只不过有"和"也不过有"作为检索项，因此检索结果只是大致情况。不过，即使算上连词"不过"，总共也只有 599 条语料，此时"＋有＋是"之比也仅为 5.24%，不影响我们的结论。

表 7 "不过"和"~多"类副词对后面"+是"和"+有"的选择统计

	不过	顶多	至多	最多
+有		24	16	17
+是		65	110	86
+有/+是 %	0.98	36.92	14.54	19.76

前文（2.4节）对数量限定副词很少使用"+有"的形式做了解释。从我们的统计可以看出，就对"有"和"是"这两个适应性极强的动词的选择上，"不过"选择加"+是"的比率远远高出"~多"类副词加"+是"的比率。这是一个较为明显的倾向性特征，具体原因尚需进一步探究。

3.5.2.2.3 "不过"和"顶多""至多""最多"也可以连用，但"不过"要在"顶多"等词的后面，而不能反过来。如：

（248）我看他顶多／至多／最多不过三十岁。→

（249）*我看他不过顶多／至多／最多三十岁。

我们认为，这主要是因为"不过"在一定程度上还保留着"不+过"的本义，这里的"过"是动词"超过"，所以比"~多"类副词更倾向于靠近数量词语的位置。这种特点在后面不直接跟数量词语的情况下仍然存在，如：

（250）有些人，至今根本没有把教育放在眼里，至多／最多／不过在口头上，或在文件上"落实"几句而已。→

（251）*有些人，至今根本没有把教育放在眼里，不过至多／最多在口头上，或在文件上"落实"几句而已。

原因是不管后面是否直接跟数量词语，这些副词都属于"限量"（张亚军，2002）或"数量限定"（前文2.1.5.1小节），被主观限定的都是"量"。

3.5.2.2.4 "不过"后面常与"而已""罢了"搭配使用，构成"不过……而已""不过……罢了"格式。"顶多""至多""最多"有时也可与"而已""罢了"搭配，但不如前者常用，而且它们这样用时，多要求与"不过"配合，这样用时，其实还是由"不过"与"而已""罢了"搭配。试比较下面各句。

（251）①就农民存款而言,小岗村的存款只有 26 万元,其中过 2 万元的不过两三户而已。

②……其中过 2 万元的最多两三户而已

③……其中过 2 万元的最多不过两三户而已

? ④……其中过 2 万元的不过最多两三户而已

（252）①他不过开个玩笑罢了。

? ②他至多开个玩笑罢了。

? ③他不过至多开个玩笑罢了。

④他至多不过开个玩笑罢了。

上举各例中"~ 多不过……而已 / 罢了"句最好,"~ 多……而已 / 罢了"句好坏居中,"不过 ~ 多……而已 / 罢了"句最差。

据太田辰夫（1958、2003）和蒲立本（1995、2006）,"罢了"和"而已"作为句末限定词在汉语史上出现较早,其中"不过"与"罢了"配合使用的如:

（253）今年不过十八九岁罢了。（《红楼梦》,转引自太田辰夫 2003）

3.5.2.3 "不过"在语气上可以表轻微转折,此时与转折连词"不过"无法区分。如:

（254）全班那么多人参加考试,不过两三个人及格（而已）。

例（254）中如果"而已"不出现,就不好判断"不过"的词性。其实限定性副词多含有转折意味,正符合马建忠（1898、2009）所说的"前文不论,惟举一事一理轻轻掉转者",因此,《马氏文通》把这些词（马氏所举有"第、但、独、特、惟"五字）称为"转掉连字"。"顶多""至多""最多"则没有这样的意味。

3.5.3. "~ 多"类副词的内部差异

"顶多""至多""最多"虽然在与"不过"相比时表现出一定的共性,但它们三个之间在语体选择和常用搭配上仍有差异,这两者有因果关系。

3.5.3.1 "顶多"只用于口语体中;"至多"中的"至"是文言词,因此"至多"多用于书面语中,如现代早期作家的作品或政策、法规等比较庄重的文体中;"最多"则可以适应口语和书面语两种语体。三者在语体上的不同,具体有以下表现：

3.5.3.1.1　一般而言,在语体要求较高的情况下,"顶多"与"至多"呈互补分布,二者不可互换。试比较：

（255）违反上述规定者,处以至多 500 元罚款。

（256）*违反上述规定者,处以顶多 500 元罚款。

（257）就你那条小鱼儿呀,顶多有二两!

（258）? 就你那条小鱼呀,至多有二两!

（259）据他的"理论",违法顶多只是罚款,而犯法就要进局子。

（260）至于提交假运货单,司机至多不过交纳少许罚金或拘留几天就了事。

　　例（255）为法规条文,比较正式,因此用"至多"比较好;例（257）为口头调侃,用"顶多"比较好,例（259）有"进局子"这样典型的口语表达方式,因此用"顶多";例（260）有"提交""少许""了事"等典型的书面表达方式,因此用"至多"。

3.5.3.1.2　三者之中,"最多"的适应能力最强,使用"顶多""至多"的句子,一般都可以用"最多"来替换,如以上（255）、（257）、（259）、（260）等句,用"最多"替换后变成：

（261）违反上述规定者,处以最多 500 元罚款。

（262）就你那条小鱼儿呀,最多有二两!

（263）据他的"理论",违法最多只是罚款,而犯法就要进局子。

（264）至于提交假运货单,司机最多不过交纳少许罚金或拘留几天就了事。

几个句子都可以说。

3.5.3.2　三者在常用搭配上各有侧重。

3.5.3.2.1　与某些习惯用语的搭配不同。这与我们在 2.1 中的结论有关。其中,"顶多"因为是口语词,所以常跟口语习惯用语搭配,如例（259）,"顶多"常搭配的还有"也就",CCL 中有 15 例。如：

（265）读工科学校,毕业出来顶多也就是到一个什么地方去给人家当技师罢了。

（266）也就是说实力超群的中国双打选手顶多也就能演个"半决赛胜利会师"。

（267）人民公社的时候，"大呼隆"不出活，人欺地，地也欺人，一亩地顶多也就产二三百公斤小麦。

而"至多"是书面语，跟"也就"类口语词搭配很少，但不是完全没有，CCL 中有 6 例。如：

（268）美国一些分析人士认为，即使在紧张的供求关系下，国际油价至多也就是在 50 美元左右波动。

这样的句子应该是在新闻采访之类的场合出现的。也说明书面语和口语之间并非非此即彼，界限分明的。CCL 中，"至多"跟书面化较强的"也就""也只"搭配则有 40 条之多；"最多也就"有 30 条，"最多也只"则有 108 条，例不赘举。这些统计结果与我们在 2.1 中"~多"类副词的语体选择倾向相匹配。

3.5.3.2.2 与数量词搭配的表现不同。前文我们说过，"顶多""至多""最多"都表示数量限定，是表达主观小量。但三者在对后面是否为数量词语的表现不同，表 8 是我们对 CCL 的粗略统计①。

表 8 "~ 多"类副词与数量词语搭配时的不同表现

	顶多	至多	最多
总语料条数出现数量词语条数	201	225	192
检索语料总条数	729	960	264
百分比 %	27.57	23.43	72.72

表 8 显示，"顶多"和"至多"后面出现数量词语的频率相当，这一

① 此统计未排除"至多"和"顶多"不作副词时的条数，因为据初步观察这两个词后面出现数量词语时，其本身用作副词以外词类的例子很少。同时，由于"最多"的词性功能较杂，语料条目较多，因此仅检索了前 2000 条和"最多有／是／拿／吃／等／住／玩／打／看／说"等 10 个项目。此外，统计的数量词语不包括虚指的"（一）＋量（时间、度量衡、工具等量词除外）"，这样做的原因是虚指的量的语义重点在程度、等级、类别等等，而非具体的数量。

结果与我们在 3.5.3.1 节和 3.5.3.1.1 小节中的观察相关联,"顶多"和"至多"在语体上呈互补分布,词汇化的程度及所承担的语法功能也基本相当;而"最多"后面出现数量词语的频率则远远高于前两者,其对具体的数量要求几乎是强制性的(上表中如果排除"最多是",数量词语的出现率达到 95% 以上),说明"最多"的词义中"最"和"多"词义加合的痕迹比较明显,它的词汇化程度还较差。这也是很多工具书没把它作为独立的词条收入的原因。

3.5.4 "不过、顶多、至多、最多"的教学

借助一般的中文工具书很难把这几个词教会学通。当前通行的一些汉外词典的帮助也有限,如吴景荣等(1981)对这几个词语的解释:

不过 2(副):only; merely; no more than

顶多:at(the) most; at best

至多:at (the) most

最多:at most; maximum

从这些解释中我们可以大致知道这几个词的词义,也能初步判断出"不过"跟"～多"类词语的不同,却无从辨别几个"～多"类副词之间的区别。借助知识表达的层次明晰和直观易懂的原则,基于我们前面的分析,我们认为在对这几个副词的教学上宜采用分步突破的策略和直观展示的技巧相结合的办法。

3.5.4.1 首先要明确四个词共同的语法意义是往小里说,可采用添加删除法,如:

(269)①他 20 岁。

②他不过 20 岁。

③他顶多 20 岁。

④他至多 20 岁。

⑤他最多 20 岁。

让学生体会例(269)①句与其他各句的不同,借助工具书或利用合适的情境让学生明白②③④⑤句共同的意义。

3.5.4.2 明确"不过"与"～多"类副词的区别,可采用图表加替换练习的方法,如学习表意差异时可用表 9。

表9 "不过"与"～多"类词的表意差异

	估计	承诺	要求	客气
不过	√	×	×	√
～多	√	√	√	×

学习句法（主要是语序）差异时可用"～多 > 只 > 不过"表示,然后设计替换和判断练习。

3.5.4.3 明确"～多"类副词的内部差异。主要有两个部分:

3.5.4.3.1 要明确"～多"类副词之间语义上的差异可忽略不计,只要明确它们在语体选择上的不同。根据我们前面的分析,可采用下面的图来表现（见前图7,现重复呈现于此）。

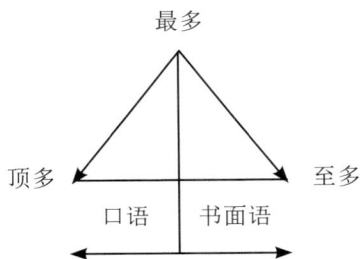

图7 "～多"类副词语体选择示意图

展示后,可将图中部分文字去掉,然后让学生来填写,主要目的是让学生明了这三个词的主要区别。

3.5.4.3.2 根据学生水平,可以再交代一下这三个词相关的反义词。可用图11所示。

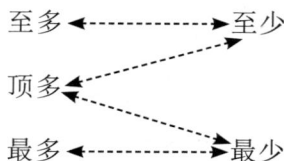

至多 ← - - - → 至少

顶多 ←

最多 ← - - - → 最少

图 11 反义词

可利用图 11 去掉部分文字,然后让学生填写,之后作替换或填空练习。

3.5.5 结语

综上,我们认为"不过、顶多、至多、最多"四个近义副词主要的区别特征在句法和语用层面。从教学实践上讲,它们在语义层面上的区别可以忽略不计,并提出用分步突破和直观展示的方法进行教学,希望对相关的本体研究和教学实践提供参考。同时,本节对与这四个词相关的词汇化和语法化问题、口语与书面语的厘清问题以及虚词教学的原则问题没有深入涉及,期待做进一步的研究。

3.6 专、专门 ①

本节基于对语料库的抽样调查,对副词"专"和"专门"在共时平面上进行比较,语料表明二者的主要区别在于对后接成分的音节数目有明显不同的倾向性要求,这种倾向性可以从认知上的相似原则和节律上的辅长原则加以解释;而语体的差异则是派生性的,不同的语体选择是韵律要求的一种表现。从教学角度看,语体差异在细化的前提下可作为二者的补充性区别特征。同时,文章从历时角度对副词"专"与"专门"的产生作了考察,结果表明

---

① 本小节删节发表于《华夏文化论坛》2021 年第二十五辑,此处保留了初稿除参考文献之外的全部内容和独立体例。

二者的历时差异对其韵律特征和语体选择均有影响。

0　引言

0.1　"专"和"专门"都有副词属性。据《现代汉语词典》（第 7 版）：

专：①（副）光；只；专门：他～爱挑别人的毛病 | 王大夫～治皮肤病。

专门：①（副）特地：我是～来看望你的。

③（副）表示动作仅限于某个范围：这次会议～讨论了资金问题。

二者作副词时的功能主要是限定动作、行为的范围，意义同"只"相近①。根据对语料的调查发现它们还有以下共同点：①都只限定动词（或介词），不能限定形容词；②不能重叠②；③不能加"de"（有孤例见本节 3.2 例 20）。但从《现汉汉语词典》（第 7 版）的解释中看不出二者的区别。就所给例句来看，将二者互相调换对语句的意思似乎也没什么影响。如：

（1）他专门爱挑别人的毛病。

（2）王大夫专门治皮肤病。

（3）我是专来看望你的。

（4）? 这次会议专讨论了资金问题。

可见，二者的异同并未能从词典的解释中有效地传达出来。

0.2　这两个副词究竟有什么区别，目前还未有较好的解释，北大《现代汉语虚词例释》（1982）中对"专门"的解释是，"和'专'一样，但多用于口语"。按照这个解释，似乎"专"和"专门"的区别仅在于适用不同的语体。而刘立成（2008）则认为两者的区别主要在于对后接成分音节数目的要求不同，而语体的差异则是次要的。

0.3　本文即从音节、语体两方面对这两个副词的异同做进一步考察，同时对它们的历时演化过程作出梳理。所用语料为北大语料库网络版和国家语委语

---

① 对于"专门"①作"特地"解的用法，似应归为方式或情状副词，但其基本语法意义仍是限定动作行为的目的或所涉及对象的范围，具 [+ 排他性]。因此本文对"方式"和"限定"不做区分。此外，"专 / 专门"还有形容词用法，本文把在状语位置上的"专 / 专门"都视为副词。

②调查中只出现一个特例"采芬左歪一下头，右歪一下头，调皮的望着李裕，专专跟他一个过不去"（刘澍德《山歌声中栽早秧》，《山花》1958 年第 6 期）。显然属于"语法上可疑的句子"（朱德熙，1996）

料库在线,并对涉及的古代汉语语料参照相关纸质文献进行了核对。

1 对后接成分音节数目的不同要求

本文所谓后接成分是指在句法上紧随其后的词或语。这意味着除了单个动词以外,还把下面几种成分看作非单音节成分,包括:① V+ 时态助词:如"带着""发了";② VV 重叠,如"谈谈"(只此一例);③ V+ 补语,如"论及""留给"。本文这样做部分原因是虽然在现实语料中"专 / 专门"后"V+助词"的出现频率不高,但在同"专 / 专门"组合时表现出的倾向性较明显(见本节 1.2 表 5、表 8),还有个原因是本文是从韵律而非句法角度来探讨"专 / 专门"的用法差异,而上述 V 之外的另一音节或可看作韵律隐形成分(参冯胜利 2013),它们必须依附于 V,或是处于词汇化的过程中,如"论及""留给"等,是词是语难以判断,但都可以构成标准音步。初步观察,"专"倾向于限定单音节成分,而"专门"则限定单、双音节词语的频率都比较高。我们采用了两种统计方法来验证这个初步观察。

1.1 对后接成分音节数目的语料抽样调查

我们对国家语委"语料库在线"的相关语料进行了统计。关于这个统计有以下几点说明:①查询模式为"模糊匹配",所得语料为生语料,我们没有利用现成的词性标注,而是对语料中检索项的词性逐条进行了人工鉴别;②以"专"为查询条件时,在全部 6 387 条语料中排除含"专门"的语料(1 068 条)之后抽取前 500 条,代表性接近 10%;③以"专门"为查询条件时,在全部 1 068 条语料中抽取前 500 条,代表性接近 50%;④"专"与"专门"各自所带词例及词例频率见后文 2 小节。结果如表 1 所示。

表 1　对语料库在线 1 000 条(其中含副词语料 636 条)语料的频率统计

	＋单	＋双	＋多	检索项为副词语料	搜索含检索项语料
专	282(91)	24(7)	3(1)	309(100)	500
专门	120(37)	199(61)	8(2)	327(100)	500
合计	402(40)	223(22)	11(1)	636(63)	1 000(100)

　　表 1 第四行为"专 / 专门"作为副词在总的搜索语料中的出现频率，该数据反映出这两个词作副词（状语）用的比率较高（63.6%），其余 30% 多主要是作形容词（定语）。第二、三行则是前述初步结论的主要支持数据。从表 1 可见，出现在"专"后面的成分中单音节成分占总语料数 91%。而其后双音节成分仅占 7%。三音节以上（主要有"挑毛病""着眼于"这类准固定成分）占 1% 左右。而"专门"后接成分单音节的比例不小（37%），但以双音节为多数（61%）。可见，"专"的后接成分以单音节为主，"专门"后接成分则单双均可，以双为主。这一点在图 1 中可以更清楚地表现出来。

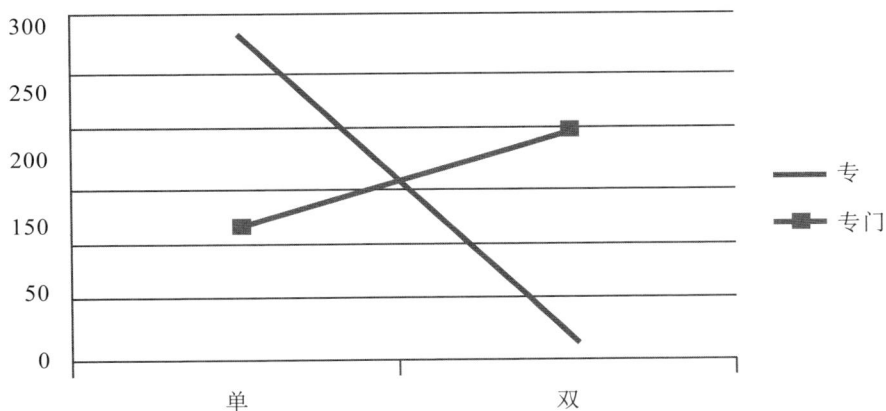

图 1　"专"与"专门"单双组合频率对比

1.2　对后接成分单双同义匹配的语料调查

　　为了使观察更充分，我们对二者后接成分以另一种方式对 CCL 进行穷尽式调查，即把可与两者搭配的成分以单双同义的形式进行组配，然后分别观察其与"专"和"专门"组合的情况。样本选择的原则是：①双音形式是单音形式以添加方式构成，且单（A）双（AX）同义，即双音词为单音词的义项之一；②在语料中都有出现。按照这个原则我们抽出如下几组词：

　　挑组：挑——挑选、挑剔

　　司组：司——司理

　　治组：治——治疗、治理、惩治

带组：带——带领、带着、带上、带来、带了

订组：订——制订、订下、订制、订作、订阅、订购

供组：供——供应、供给、供奉

发组：发——发出、发表、发布、发行、发来、发现

论组：论——论述、讨论、论证、论及、论说

下面表2至表9分别是以"专/专门+各组成员"为检索项对ccl进行统计的结果。在统计中我们对以下两方面进行了干预：① A项中去除AX项；②去除重复项。

表2　专/专门+"挑组"

	挑	挑选	挑剔	备注
专	49	0	1	"专挑"含2例挑毛病
专门	7	16	2	"专门挑"含2例挑毛病
相对累积频率	49:7	1:18		

表3　专/专门+"司组"

	司	司理	备注
专	143	0	
专门	1	1	"专门司理"在"语料库在线"出现
相对累积频率	143:1	0:1	

表4　专/专门+"治组"

	治	治疗	治理	惩治	备注
专	237	0	0	0	"专治"包含治某学12例
专门	7	13	4	1	
相对累积频率	237:7	0:18			

表5 专/专门 + "带组"

	带	带领	带着	带上	带来	备注
专	3	0	1	0	0	
专门	11	1	13	1	3	
相对累积频率	3∶11	1∶18				

表6 专/专门 + "订组"

	订	制订	订下	订制	订做	订阅	订购	备注
专	0	0	0	0	0	0	0	
专门	1	24	1	6	3	1	3	
相对累积频率	0∶1	0∶38						

表7 专/专门 + "供组"

	供	供应	供给	供奉	备注
专	425	1	0	0	
专门	32	16	5	3	
相对累积频率	425∶32	1∶24			

表8 专/专门 + "发组"

	发	发出	发表	发布	发行	发来	发现	发了	备注
专	63	1	0	0	0	0	0	1	
专门	0	49	26	11	3	19	4	31	
相对累积频率	63∶0	2∶143							

表 9　专 / 专门 + "论组"

	论	论述	讨论	论证	论及	论说	备注
专	89	0	2	0	0	0	
专门	3	66	171	1	9	1	
相对累积频率	89:3	2:248					

从表 2 到表 9 可得出表 10：

表 10　"专 / 专门"与单双同义形式组配的抽样调查结果

专 + 单：专门 + 单	专 + 双：专门 + 双
1009:93	6:476

1.3　"专"和"专门"对后接成分不同选择的原因探讨

自吕叔湘（1963）提出汉语单双音节搭配问题以来，到目前为止研究句法和韵律互动关系的学者们主要讨论了动宾、定中、主谓、述宾几种结构的单双搭配问题（见吴为善 1986，Bingfu　Lu & San Duznmu1991、2002，冯胜利 1997、2000、2013，王洪君 2001，周韧 2006、2011，柯航 2007、2012 等），而对于包括本文所论对象在内的"状中偏正结构"关注的则不多，主要有崔四行（2009、2012）和上述学者著作中部分提到过。下文按习惯做法，把"专 / 专门"与不同音节后接成分搭配的形式分别标写为"1+1""1+2""1+多""2+1""2+2"和"2+ 多"，对其成因分别做出讨论。

1.3.1　对于"1+1""2+2""2+1"的解释

目前为止学者们对于"1+1""2+2"的认识比较一致。冯胜利（1997）认为 1+1 构成标准音步，2+2 为复合音步。更多学者认为单音节配单音节，双音节配双音节是无标记组配，这种组配符合人类认知中的相似原则（The Principle of Similarity），即人们倾向于把相似的两个成分看作一个单位（见 J.R.Anderson1980/2009：41，沈家煊 1999，王灿龙 2002）。根据我们的观察，在"专 / 专门"与后接成分搭配的语料中,也是"专 + 单"和"专门 + 双"占绝大多数（见本节 1.2 表 10）。

关于"2+1"式组合,目前研究者们对动宾和定中结构提出了多种解释,其中端木三 (1990) 提出辅重原则,在此基础上陆丙甫、端木三（1991、2002）提出了辅长原则:

In a syntactic head-nonhead(or a nonhead-head)relation,the head cannot have greater length than nonhead.（在核心成分 - 非核心成分（或倒过来）组成的句法关系中,核心成分不可长于非核心成分）

虽然后来的研究者们对此提出了不同看法。但该原则对于未被上述研究者做重点讨论的状中结构却具有一定的解释力。因为一方面无论是从认知语义（王灿龙,2002）还是从信息量（周韧,2006、2011）等角度出发的研究均未涉及对状中结构的具体讨论,另一方面是应用后两者来分析状中结构时会遇到操作上的困难。如周韧（2006、2011）提出根据可替换项目的多少来计算成分的信息量,"信息量大的成分,在韵律上就要更突出"（周韧,2011）。就状中结构而言,一是动词和状语的可替换项目孰多孰少可能会存在见仁见智的问题,二是如果说动词的可替换项目多因而信息量大,按此计算方法应该是动词获得重音,这样可能得出 2+1 不合规则的结论。而如果按辅长原则来解释,在"专门 + 动词"中,"专门"为辅助性成分应该获得重音,即至少不短于中心词的词长。从上节的观察结果看,无论是 2+1 还是 2+2,都符合辅长原则。

1.3.2　对于"1+2"的解释

从我们的统计来看,"1+2"的频率较低,所搭配的后接成分计有以下24 个:

讨论₂	供应	挑剔	带着	以为	称为	当作	止于
从事₂	限于	长于	*制造*	*制定*	撒谎	*负责*	欺负
对付₂	*研究*	开发	*出售*	致力	检视	*留给*	起给

说明：词表中词项后的下标数字为出现次数,无下标数字的为出现 1 次（下同）。

因为"1+2"式违背辅长原则,因而数量少,频率低,属于能产性较差的结构式,关于这一点,我们下文 2.1.2 节还要讨论。此外,这个词表中斜体字为与"专门 +2"的交集。根据小范围的语感调查,交集之外的双音成分也都可以跟"专门"组成"2+2"式,并且与"1+2"相比更自然,是优选结构式。

1.3.3 对于"1+ 多"和"2+ 多"的解释

1.3.3.1 "1+ 多"

在我们的统计中,"专 + 多音节"组合有:

挑毛病　　致力于　　着眼于　　打抱不平

分别讨论,"专+挑毛病"实际节奏为"专+挑+毛病"仍然为"(1+1)+2";"专致力于"和"专着眼于"如果按"2+2"分割成"专致 + 力于""专着 + 眼于"会非常拗口,如果按"1+3"分割实际也很拗口,因此不是优选结构,很少有人使用。语料中仅各有一例。

(5)我以五十之年,行年已过,时不及我与,乃疏于翰墨,专致力于明清史事,兼及两汉史迹……

(6)这比起《中外纪闻》专着眼于开导王公大臣的头脑,是有所前进的。

"专打抱不平"实际节奏为"(1+1)+3",这里"1+1"本身即为无标记形式,再组成"2+3"(专打 + 抱不平),就成为最自然的音步(冯胜利,2013),也是汉语五言诗的节奏(王力,1989)。

1.3.3.2 "2+ 多"

在统计中,我们把下列"专门"后面的词语作为一个整体看待,"专门 + 多音节"组合有:

捣墙毁壁　　与人作对　　鱼肉人民群众　　拍马溜须　　跑腿打杂

白日在家黑夜里出来　　想走歪路　　养鸡养猪

同样,"专门"同以上词语组合的实际节奏为"2+2(+2+……)",因此仍是相似原则在起作用。并且这类"2+ 多"也是一种能产的结构。如我们可以说出"专门打家劫舍""专门走亲访友""专门课上睡觉课后用功"等。

1.4 从以上分析可以得出下面的序列 (">"表示"优于"):

1+1/2+2 > 2+1 > 1+2

从"专门"看,2+2 和 2+1 都是优选结构式,而从"专"来看,1+2 是劣势结构,1+1 虽然是优势,但很多"专"可以用"专门"替换。因此,仅就二者作为副词而论,似乎"专门"的使用范围大于并包含"专"的使用范围。但是否所有的"专"都可用"专门"来替换呢?结论是否定的。它们之间还有语域的差异。

2　对语域的适应性

如果说"专门"与"专"的区别在于"专门多用于口语"（北大，1982），那么在现代汉语这个平面上二者在语体的区分却并不那么容易把握，先看下面的例子：

（7）这老孙也是他妈的老头吃柿子，专拣软的捏！

（8）有的院校甚至与大的因特网公司合作，培养专门从事在线业务的工商管理硕士。

很难说例（7）是书面语，例（8）是口语。因此，对"专／专门"二者的语体区别的描写应该进一步细化。主要是看二者及其组合成分的历史层次。"专门"产生晚于"专"是不证自明的（关于"专／专门"的历时讨论见本节3），因此能与二者搭配的成分也必然居于不同的历史层次。而词语的历史层次与语体又有着错综关系。正如上节对于音节的讨论一样，两者可搭配的成分在语体上也有交集。这是因为汉语的词语在口语和书面语之间有一大部分是通用的，而专职的口语或书面语则只是一小部分（相关研究见杨俊萱1984，韩荔华1994，宋婧婧2012等）。下面我们借鉴王洪君（2005）中搭配字的概念，对"专／专门"的搭配字（组）分别讨论。

2.1　"专"的搭配字（组）

由于"专"产生较早，不言而喻，它的搭配字（组）所覆盖的历史层次必然较同"专门"搭配的为多。先产生的字有的比较古雅，而被今人用于书面语，即多用于词项密度（lexical density）较大的语体(Halliday，1985、2012)，有的比较基本而通用于口语和书面语。

2.1.1　"1+1"

在我们观察的语料范围内（见本节表1），首先，我们发现有许多能与"专"结合而不与"专门"结合的单音节成分（词和词素），可分两类：第一类（A类）是在现代汉语中其语法地位离词较远而更接近语素的成分，主要有：

A类：备　逞　充　存　妨　工　攻　究$_3$　赖$_2$　理　录　蒙　辟$_2$
　　　聘　司$_{14}$　赏　尚$_2$　描　食　恃　守　述$_2$　宿　舞$_2$　习　叙
　　　言$_2$　研　倚　意$_5$　咏　载$_2$　重　择　摺　贮$_2$

这部分词在所调查语料中出现频率占"1+1"式 [63（36）：282（91）] 的

22%（40%）[①]。这些成分在现代汉语中属于古语范畴，按范畴论，都具有 [+ 语素][- 自由] 特征，因此与"专"搭配形成的两字组更像是一个合成词[②]，如"专攻""专意"等。第二类（B 类）成分虽然在现代汉语中可以成词，但在与"专门"结合时，优选的形式往往是同义的双音节形式（括号内的形式），这些词有：

B 类：供（供应）论 3（论述 / 讨论）凭 3（凭借）赠（赠给）治 12（治疗 / 治理）

上述 A、B 两类在现代汉语中有同义的双音节形式。A 类本身不与"专门"组合，而一定要选择用同义的双音替代形式才能与"专门"搭配，而 B 类则可与"专门"组合，但优先选择双音形式。即 A、B 两类多用双音节形式与"专门"组成"2+2"式。

其次，语料中还较多地存在一类（C 类）单音节词语为"专 / 专门"通用形式，这些词多为基本词，属于口语和局面语通用的成分，有：

C 类：作 4 唱 2 称 从 带 3 叨 订 顶 读 2 对 放 2 割 跟 2 逛 和 2 画 5 会 8 捡 讲 5 就 10 开 啃 卖 5 念 拍 请 去 2 让 说 2 谈 替 2 挑 2 听 5 偷 3 往 为 67 想 向 2 咬 演 3 以 19 因 由 有 在 9 抓 3 把 3 能 2

单音节词一般为基本词，大多反应的是基本层次范畴（刘丹青 1993，王灿龙 2002），其中有些成分只在古汉语中是词，如 A 类，这部分词通常与产生较古的"专"结合，另有一些词语是后来通过添加的方式构成的新双音节词同义，如 B 类，在统计语料中所占比例不大。还有一些词是基本成分，古今通用，不受历史层次限制，因此可与"专""专门"自由组合。从中也可看出《现代汉语虚词例释》对"专门"的解释（见前文 0.2）有一定根据。

2.1.2 "1+2"

语料中，"专 + 双"式中双音节词语有以下几个：

长于 称为 出售 从事 2 当作 对付 2 负责 购置 集中 检视

开发　留给　欺负　起给　撒谎　谈谈₂　限于　研究　止于

其中"对付""欺负"为口语词，"长于""购置""检视""限于""止于"为书面语词，其中"单音节动词＋于"类不与"专门"组合。语料库中只有一例：

（9）他主要表示了他不知道红松鸡怎样在那里发生的，而且为什么专门限于在那里发生。

从语感上看，这条语料文白杂糅，如果把其中的"专门"换成"专"也无不可：

（9）他主要表示了他不知道红松鸡怎样在那里发生的，而且为什么专限于在那里发生。

我们认为这是因为历史层次不同造成的。

其余词例为中性词，通用于口语和书面语中。

2.1.3　"1＋多"

与"专"组合的多音节成分有：

致力于　着眼于　打抱不平

此类词可与"专门"组合，一是符合韵律要求，还有一个原因可能是"双音节动词＋于"同样产生较晚。语料中只有"专门致力于"的例子，其他两个则没有：

（10）有的企业走上了为国际大公司配套的新路；有的企业则专门致力于向国际经销商供货。

2.2　"专门"的搭配字（组）

2.2.1　"2＋1"

同"专门"组合的单音成分有以下几个，按类别均可归为与"专"组合的B、C两类（见本节2.1.1），其中部分属于交集（用下划线标示）：

<u>把</u>₂　办　吃₄　<u>到</u>₅　等　<u>订</u>　对₂　发　干₂　给₈　跟　<u>供</u>₂　管　会
<u>进</u>₂　看　靠₂　<u>念</u>　来₂₁　练　派₅　跑₃　陪₂　<u>请</u>₂　<u>去</u>₂　让　谈
同　<u>为</u>₂₃　问　写₃　向₂　以₂　用　在₂　找₃　<u>治</u>　做₂作

2.2.2　"2＋2"

同"专门"组合的双音成分如下（其中笔者个人语感认为倾向用于书面者用黑体标示）：

安装　成立₂　**惩治**　从事₁₁　研究₂₄　**制造**₂　制作₃　制订　接待

收集₂　**防范**　利用　训练₇　**搜讨**　生产₆　负责₄　表现　安排₃

装载　介绍　**关押**　结伙　调查₃　抢修　命令　**用作**　用来₃　用于₅

配制　**收购**　收集　收拾　说给　**欺侮**₂　**配备**　建造　**溶解**　**请教**

贩卖　**鉴别**　**供应**　**开设**　看守　看望　**猎取**　监视　结交　吞吃

抢夺　**施毒**　**医治**　设计　委托₂　教育　劳动　做出　培养₃　培训

批评　新增　恢复　**立法**　**顾及**　找来₂　指定　开办　开（了）会

挑选　**调制**₃　指导　治病　注意　认人　**为此**　出售　管理　组织

探讨　讨论₃　进行　试验　经营　供应　卖弄　选修　**邀请**₂　描写

表演　**司理**　爱看　就是　留下　嘱咐　**雇给**　**雇有**　**检测**₂　预备

找来₂　尝菜　预备　**督责**　决定　装饰　发出　利人₃　**前来**　承包

论述　送给　带领　解决　**刺探**　接待₂　描（了）边　铺着

多数词语属于通用于口语和书面语的词语。

2.2.3 "2+ 多"

捣墙毁壁　与人作对　鱼肉人民群众　拍马溜须　跑腿打杂

白日在家黑夜里出来　想走歪路　养鸡养猪

在前文 1.3.3 节中我们对此作了解释，上述词语多临时性组合，且多为口语词，如果与"专"组合无论从音节还是语体上看都有问题。其中"专鱼肉人民群众"似乎可以，但"人民群众"显然是后起的用语，与"鱼肉"组合本身就是临时的。

2.3 小结

以上观察可得出，在与"专"组合的成分中，在现代汉语平面属类似不成词单音语素者只能与"专"组合，成词单音语素可与"专门"组合，其中 B 类如果有双音形式，则以双音形式优先同"专门"组合。而在与"专门"组合的单音成分中没有 A 类存在。双音成分则有的庄重，有的随意，多数为口语书面语通用词语。

3 "专 / 专门"的历时演化

"专"与"专门"产生的先后是无须讨论的，这里只就它们各自作为副词产生的时代作一粗略考察，以二者产生的时间跨度作为可与它们组合的成分的不同历史层次之佐证。

3.1 "专"

宗福邦等（2003）整理"专（專）"有77条训释，大致可归为名词（六寸簿、纺專）、动词（专擅、任等）、形容词（一、专一、满等）、副词（独）四类。由于"专"字义项众多，因此在较早时期就应该是个比较常用的词，据柳海文（2011）统计"專"在十三经中出现的绝对字频为119。"專"各义项之间的联系较复杂。《说文解字》寸部："專，六寸簿也。從寸更聲。一曰纺專"。段玉裁《说文解字注》（2006）："六寸簿，蓋笏也"纺專"俗字作甎、塼。以專為嫥壹之嫥。廣韻曰：擅也、單也、政也、誠也、獨也，自是也。"而且"专"的动、形、副用法长期处于同一平面。在此我们只关注它作为副词产生的时代。据何乐士等（1985）举的例句出自《论语》。我们把处于状语位置上的"專"当作副词。按CCL检索，较早出现于春秋时期，以下为我们在其他文献中找到的部分用例：

（11）秦伯叹曰："是子将有焉，岂专在寡人乎！"秦伯赋《鸠飞》，公子赋《河水》。（《国语·晋语四》）

（12）君若犹辱镇抚宋国，而以逼阳光启寡君，群臣安矣，其何贶如之！若专赐臣，是臣兴诸侯以自封也，其何罪大焉！敢以死请。（《左传·襄公十年》）

（13）不得已而欲之，非欲之也。非杀臧也。专杀盗，非杀盗也。凡学爱人。（《墨子·大取》）

以下是我们对CCL古代汉语语料库进行粗略统计的结果[①]：

表11 "专"在状语位置的语料统计

	专在	专享	专为	专伐	专杀	专以	专承	专赐	专用	专听	专任
《国语》	1						1				
《左传》	1	1	1	1	2			1			

---

① 对于检索结果我们参照以下文献进行了核对：其中《管子》《韩非子》《墨子》《荀子》《庄子》《韩非子》为中华书局1987年《新编诸子集成》本；《礼记》《左传》《孟子》为中华书局1980年《十三经注疏》本；《吕氏春秋校释》为上海古籍2002；《逸周书》为上海古籍1995。

续表

	专在	专享	专为	专伐	专杀	专以	专承	专赐	专用	专听	专任
《墨子》					1						
《管子》	2									2	
《韩非子》	1					1				1	1
《吕氏春秋》			1								1
《庄子》			1								
《礼记》			1			1					1
《孟子》					1						
《管子》					1	1			1		1
《荀子》											1
《逸周书》											1
小　计	5	1	4	1	5	3	1	1	1	3	6
合　计	31										

3.2 "专门"

　　古代汉语词典类工具书未见将"专门"列为词条者①。可见其产生较晚。"专门"的成词与前文"专 +A 类"多有不同,应为特例,只有"专意"与之类似。"专门"并用于动词前的用法在唐代已出现,如:

---

　　① 我们检索的工具书如下：袁仁林《虚字说》、刘淇《助字辨略》、王引之《经传释词》、吴昌莹《经词衍释》、榆越《古书疑义举例》、裴学海《古书虚字集释》、杨树达《词诠》、张相《诗词曲语辞汇释》、韩峥嵘《古代汉语虚词手册》、何乐士等《古代汉语虚词通释》、解惠全《古书虚词通解》、商务印书馆《古代汉语虚词词典》。

（14）列国封疆,分枝布叶,周於六合,溢往九州,积德累仁,重规叠矩,专门相袭,高盖成阴,因官流移,播居土□。(《唐代墓志汇编续集》)

（15）伽蓝五十余所,僧徒二千余人,大小二乘,专门习学。(《大唐西域记》)

但以上例句中的"专门"应是"专于一门"之义,还不是词,至少不是我们所说的副词"专门"。杨荣祥(2005)对近代汉语四种语料副词的统计中,有"专"和"专一",没有"专门"。但这种在状语位置上的用法应该是"专门"词汇化为一个副词的机制之一。到了明代中出现了副词"专门",如:

（16）寡人只此一女,留以选善婿专门养老,立子继国,安能献王为宫人? 使他受一世凄凉,终生怨恨。(《夏商野史》)

到清代虽仍有"专于一门"或"单独一门"的非副词用法,如:

（17）迨其衰也,典章散,而诸子以术鸣。故专门治术,皆为《官礼》之变也。(《文史通义》)

但副词用法已较多:

（18）史家约取掌故,以为学者之要删,其与专门成书,不可一律求详,亦其势也。(同上)

（19）他二人还有两个结义兄弟,现在二龙山聚集了一二千喽兵,专门打家劫舍。(《七剑十三侠》)

（20）我虽然和他并不相识,他却专门的和我作对。(《九尾龟》)

（21）这位总巡,专门仗着官势,行他的私政。(《二十年目睹之怪现状》)
到《孽海花》中已经大量使用,例不赘举。

如果从《左传》成书的年代算起(牛鸿恩,1994),"专"与"专门"的产生相差大约2000年,只是在副词"专门"产生之后二者在语义和用法上才产生了交集。因此,"专门"产生之前那些较古雅的单音节动词(见本节2.1.1A类)一般不接受"专门"的限制。

4　结语

通过以上考察,我们认为"专"与单音节动词、"专门"与双音节动词的组合是优选结构式,符合人类认知的相似原则。"专门+单"可以用辅长原则加以解释,同时,现代汉语中大量单音节基本动词的存在(有关统计见王洪君2001)也是"2+1"较多出现的一个原因。但部分较古雅的动词与"专门"的结合较差。而"专+双"则既不符合相似原则,也不符合辅长原则,不是能产结构。

对于造成二者差异的原因尚需要进一步讨论,其中的困难在于目前对于汉语韵律和句法互动的研究及口语书面语的研究还处于有待深化的阶段,特别是对于哪些动词属于较"古雅"的学界尚未提出明确的标准,需要进一步探讨。

3.7　本章小结

本章首先在前一章分类的基础上,分别就 LF 和 WF 两个次类进行考察,认为 LF 和 WF 各自内部成员之间在语义、句法、语用方面仍有差异。然后分别考察了限定性副词与名词直接组合和限定性副词的重叠两个问题。关于限定性副词与名词直接组合,我们认为能够进入"限定性副词+名"结构中的"名"应该有顺序义、级别义、类别义的语义基础。同时认为 LF 和 WF 对名词也有不同选择,其中,LF 倾向于选择顺序义名词语、级别义名词语和"基数+量+名"结构,WF 倾向于选择"序数+量+名"和类别义名词语,我们把这种选择叫作规则性选择关系。而 WF 在后面的名词语不强调数量的情况下,也可以选择顺序义名词语、级别义名词语和"基数+量+名"结构,我们把这种选择叫作变通性选择关系。对于限定性副词的重叠问题,我们认为限定性副词可以重叠,重叠式和基式相比,主要在语用价值上有明显区别,而在语音、语义和句法上区别不大。本章还插入了对几组近义副词的辨析。

4　限定性副词内部共现连用现象研究

　　副词的共现问题也是近年来学者们关注较多的一个问题。研究者们对副词共现的类别、共现时的顺序及造成某种顺序的原因等问题都做了有益的探讨。较有代表性的成果有白丁（1986）、黄河（1990）、李运熹（1993）、赖先刚（1994）、张谊生 (1996)、袁毓林（2002）、史金生（2003）、杨荣祥（2005）、钱兢（2005）等。这些研究成果是我们本章考察的基础。同时，由于各家考察的范围和要达到的目标不同，而且针对副词总体所做的宏观研究往往是列举性的，而不是穷尽式的，比如对有些副词次类内部的共现问题还很少涉及，这就给我们留下了进一步考查的余地。我们这里集中考察限定性副词内部的共现连用情况。本章前三节主要就限定性副词共现和连用的类型、连用的次序及原因等进行描写和解释，第四节将以"才＋只"为例对造成连用优势语序的原因进行个案分析。

4.1 限定性副词的共现及其连用类型

4.1.1　限定性副词的共现分两种情况：一种是"框式关联"，一种是"连用"。

　　所谓"框式关联"是指两词相隔共现，又可分为以下两种情况：一是同类关联，这种情况多出现在四字格里面，如单打独斗、形单影只、独断独行、独断专行、独具只眼、偏听偏信、唯我独尊等，例子不多，而且情况比较单纯，我们这里不做探讨。二是变类关联，一般是构成关联词语，如"仅……就……""只有……才……"等，这种情况中，其中的一个词（往往是后面的那个词，如"就""才"等）已经不是我们所说的限定性副词。这种情况也不属于限定性副词内部共现的范围，我们也不加讨论。

　　所谓"连用"则是指词跟词紧邻在一起，中间无其他成分间隔的情况，如"只单""仅只""才只"等。需要说明的是，这里说的"连用"首先要排除下列例句中所表现出来的两种情况：一是不同类；二是结构上不能结合在一起作为一个成分。如：

　　（1）正因为他心思没在工作上，所以才光想着溜号。（黄河，1990）

　　（2）仅就技术方面的发明来说，用二十六个英文字母为序是不足以列举的。（ccl）

　　首先，例（1）里的"才"属关联副词，与我们所研究的限定性副词不是同类，并且，"才"与"光"并不能分析为同一层次。例（2）里的"就"是介词，表示论述的出发点，也不属于我们所讨论的限定性副词，并且与它前面的"仅"也不能分析为同一个成分。其次，还要排除已经凝结为合成副词的情况，如"单独""惟独""刚才"等。最后，我们在这里不把重叠式作为两词连用的情况，而是在调查的时候只把它们作为一个单位，如"单单只""仅仅只"等只作为两词连用的情况。

　　我们主要讨论的是限定性副词内部的"连用"现象。

4.1.2 对于我们所说的限定性副词连用的情况是否存在，研究者们也有不同意见。如北大中文系编的《现代汉语虚词例释》（P221）认为下例是病句：

（3）我相信工人同志们爱护孩子，不光只是为了他们自己。（例释）

《现代汉语虚词例释》认为此例中"'光''只'重复，应删去一个"。

再如李运熹（1993）指出，"两个表示限定的副词连用的现象较为少见，只有'只'和'不过'连用的"。如：

（4）他打字打得还不错，只不过打得慢一点就是了。

可是据我们的调查，限定性副词内部的连用现象并不限于"只不过"，而是有很多（例见下文）。

4.1.3 限定性副词内部连用格式的存在具有一定的语用价值。我们认为，限定性副词内部连用是客观存在的，应该给予关注。在这一点上我们认同功能语法学家对研究对象自然性的强调，即语言学者应该研究"自然发生的语言材料（naturally occurring data）——真实的篇章和自然的言谈"（方梅，2005），而不是忽视它们。

限定性副词内部连用格式主要是一种语言使用现象，因为连用中同现的成分既不改变句子的结构关系，也不改变基本的语义，因此在句法和语义上乏善可陈。它存在的主要价值在于表达上。这可以从两个方面来看：

4.1.3.1 一方面，限定性副词连用从表意上具有强调意味。

首先，从积极的方面说，说话者有意识地运用限定性副词连用来强调所传达的信息。杨荣祥（2005）认为："原则上讲，编码加长，要表达的意义就会更加突出。但客观上，副词毕竟属功能词，表示的意义比较空灵和抽象，两个同义副词并列出现比起一个副词单独出现，并不一定（着重号为引者所加）能增加表意强度。"杨荣祥先生也承认副词连用[1]"当然有时也具有加强语义的作用"。我们同意副词意义比较空灵，但空灵并不意味着不可以通过加长编码来增强表意。比如副词重叠就可以增加表意强度（见3.4.3小节）。副词连用也有这样的效果，如：

---

[1] 杨荣祥（2005）区别了"副词连用"和"副词并用"，我们这里的"副词连用"与他的"副词并用"基本相同。

（5）他家仅只养猪一项，就收入几千元。（现汉）

例（5）要传达的主要信息就是"他家副业收入高"。把这个信息进行语言编码可以有以下几种方式：

（6）他家养猪收入几千元。

（7）他家养猪就收入几千元。

（8）他家养猪一项就收入几千元。

（9）他家只养猪一项，就收入几千元。

（10）他家仅养猪一项，就收入几千元。

（11）他家仅只养猪一项，就收入几千元。

从形式上看，（6）到（11）句子越来越长，越来越复杂。"一般来说，言者认为听者已知的信息，编码方式简单；言者认为听者未知的信息，编码方式繁复"（方梅，2005）。从信息传达上看，"他家"是旧信息；"副业收入高"是言者认为听者未知的新信息；而"养猪一项就收入几千元"是言者重点传达给听者的，是焦点。可以说，听者用"仅只"对焦点中的"养猪一项"进行复杂编码，是有意让听者更加关注这件事。

其次，从消极的方面看，即使言者是无意之中使用了限定性副词连用格式，客观上同样也会造成听者对其所限定成分的注意。杨荣祥（2005）引用L.R. 帕默尔（L.R.Palmer，1936）的"提包说"作为副词连用产生的原因之一，有一定道理，现引到这里："大多数语言中都存在着大量的同义词和同义短语，它们为人们表达同一思想提供了可供选择的形式。当我们想说些什么的时候，往往有这样的情况：两个同义词同时浮上我们的脑际，似乎想争着说出口去。于是所谓'提包式'的词（portmanteau word）便频频产生出来，语言学家称之为感染错合（contamination）。"应该承认，汉语使用者也有这种无意识地把两个同义词同时脱口而出的情形，限定性副词连用的形式也不乏这种原因造成的。尽管如此，因为它给听者造成某种类似"啰唆"或"不太规范"的异常感觉，导致听者理解语言信息时花费更多的时间，客观上造成了听者对其后面内容的注意。

4.1.3.2 另一方面，限定性副词连用有时可以起到调节韵律的作用。

据朱庆之（1992）、杨荣祥（2005）等①的研究，副词连用在六朝时期迅速兴起的一个主要原因是与汉语词汇急遽双音节化及佛经翻译时为调适韵律而临时创造词语有关。但这种现象后来大量消失则是经济原则的体现②。这种调幅适节律的作用在现代汉语中已经不很明显，比如上面例中"仅只养猪一项"的节律是：

A：2+2+2

删掉一个副词之后，节律就变成：

B：1+2+2

两者相较，A 比 B 要整齐些。因此，不排除说话者无意识地凑合音节的心理使他采用了副词连用的格式。

总之，限定性副词的连用现象并非个别，而且具有比较独特的语用价值，不能一概认为是语病。

4.1.4　限定性副词连用的类型

从语料调查来看，限定性副词内部连用情况可分为二连和三连两种类型。二连即两个词连在一起使用，如"只单""仅只""单只"等，如：

（12）有趣的是，莺儿名字本来是两个字，叫作金莺，姑娘嫌拗口，只单叫莺儿。（ccl）

（13）不少作家的小说具有散文情调，这仅只表明他们能吸收他种文体的长处，并不能说明小说等于散文。（ccl）

（14）单只说王老玩物的境界，便非常人所能企及。（ccl）

三连是三个词连在一起使用，语料中发现的有"才仅只""仅只才""就光仅仅""只不过才""只不过刚（刚）"等，如：

（15）对于有德行的意识而言，本质固然与现实关联着，固然就是现实自身的本质，却才仅只是一种非现实的本质；——但对于上述的那种意识而言，本质虽然处于现实的彼岸，则算得是一种现实性的本质。（ccl 翻译作品《精神现象学》）

---

① 朱庆之等学者的结论详见杨荣祥（2005）。

② 徐正考、史维国（2008）对此有较深入的探讨，可参阅。

（16）我们所以说是一种秘传的东西，因为在这种情况下科学<u>仅只才</u>存在于它的概念或内在本性里；我们所以说它是少数个别人的，因为在这种情况下科学还没广泛地出现，因而它之客观存在是个别的。（ccl 翻译作品《精神现象学》）

（17）<u>就光仅仅</u>一个衔玉而生，它的味道在哪里？（ccl）

（18）"换笔"成为"笔杆子"们关心、操心的事儿，确切地说，成为他们的热门话题，<u>只不过才</u>年把工夫。（ccl）

（19）只可惜有些人还不明白，到了"手中无环，心中有环"时，就已沾沾自喜，却不知这<u>只不过刚</u>入门而已，要登堂入室，还差得远哩。（ccl）

三词连用的情况，在语料中查到的不多①。例 15）、16）出自同一翻译家的同一部译著中；例（17）是 CCTV10"百家讲坛"中讲话的录音。都不能认为是常见的用法。即使是较常见的"只不过才""只不过刚"，也只在"二连"的基础上再加了一个词而已。因此我们不打算花更多的篇幅予以讨论，只是表明有人这样使用。

这样，我们进一步把对限定性副词内部共现连用的讨论限定在两个词连用的范围内。

4.2　限定性副词内部连用的线性次序

4.2.1　限定性副词内部连用的总体情况调查。表 9 是我们对北京大学汉语语言学研究中心语料库的调查统计。说明：

①表中左侧一列是该类词作连用前项的情况，上面一行是该类词作连用后项的情况；②表中"+"表示能够连用且有用例，空白表示不能连用，"？"表示可连用无用例；③表中未统计"但""唯/惟""徒""徒然"这四个在现

---

①"只不过才"稍多些，ccl 中共查到 87 条例句，还有一例四连的用法"他才二十五岁，只不过才刚过了医学的平均寿命的四分之一"。

代汉语中较少使用的词;④表中"唯独"包括"唯独"和"惟独"。

表 11 限定性副词连用搭配统计表

	不过	才	单	单单	单独	顶多	独	独独	刚	刚刚	光	光光	仅	仅仅	净	就	偏	偏偏	唯独	无非	只	至多	专门	最多
不过		+							+	+	?		+	+	+						+			+
才	+								+	+			+	+							+			
单													+			+					+			
单单																					+			
单独																								
顶多	+	+							+				+			+					+			
独																					+			
独独																					+			
刚																					+			
刚刚																					+			
光														+							+			
光光																+					+			
仅	+	+								+											+			

续表

	不过	才	单	单单	单独	顶多	独	独独	刚	刚刚	光	光光	仅	仅仅	净	就	偏	偏偏	唯独	无非	只	至多	专	专门	最多
仅仅	+	+	+		+					+	+										+				
净																					+				
就			+	+							+		+	+				+			+		+	?	
偏																									
偏偏															?						+				
唯独															+						+				
无非															+						+				
只	+	+	+	+									+										+	+	
至多	+										+	+									+				
专																									
专门																									
最多	+	+					+					+			+						+				

具体连用词例如下（例句见本章末附录）：

不过才　不过刚　不过刚刚　不过光　不过仅　不过仅仅　不过就
不过只　不过最多　才不过　才刚　才刚刚　才仅　才仅仅　才只
单仅　单就　单只　单单只　单独只　顶多不过　顶多才　顶多刚
顶多仅　顶多就　顶多只　独只　独独只　刚只　刚刚只　光仅仅
光只　光光就　光光只　仅不过　仅才　仅刚刚　仅只　仅仅不过
仅仅才　仅仅单　仅仅单独　仅仅刚　仅仅光　仅仅只　净只　就单
就单单　就光　就仅　就仅仅　就偏偏　就只　就专　就专门　偏偏就
偏偏只　唯独就　唯独只　无非就　无非只　只不过　只才　只单
只单单　只仅仅　只专　只专门　至多不过　至多仅　至多仅仅
至多只　最多不过　最多才　最多刚　最多仅仅　最多就　最多只

（共 78 个）

4.2.2　上面是对真实语料的统计，尽管语料库存在着少量粗疏和谬误之处，但毕竟是自然的言语作品，大体上还能够反映语言使用中带有普遍性和倾向性的一些特点。

从上表中看到，两个限定性副词连用时，位次可前可后，似乎没有什么规律可循。但计算一下各词充当连用前项或连用后项的次数，我们仍可以大致得到各词充当前、后项的能力，下面我们用每个词作连用前项和连用后项所能结合的词的具体数目①来表达各词充当前、后项的能力。如表 11 所示。

---

① 语料库的情况比较复杂，由于时间有限，这里只统计了词与词之间连用的情况，而没有统计连用后出现的频率。其实连用后的出现频率能够说明更多问题。比如，"独"和"独独"虽然作前项的能力都是"1"，都是与"只"连用，构成"独只"和"独独只"，但两者的使用频率和能产性很不一样。ccl 中"独只"只有一例，如：

四周的人们纷纷跑来，同伙顿作鸟兽散，独只社员捂着鲜血淋漓的下身束手就擒。

这种用法的恰当性令人怀疑，至少可模仿性很差。相比之下，"独独只"虽然也只有 2 例，但具有一定能产性，如：

贾平凹遭遇了那么多的侵权事件，为何他独独只起诉《霓裳》呢？

少年不识愁滋味，人生的甜酸苦辣，他独独只尝到甜味。

表 11　限定性副词连用能力统计表

词例	作前项	作后项	词例	作前项	作后项
不过	9	7	净	1	0
才	6	6	就	9	8
单	3	3	偏	0	0
词例	作前项	作后项	词例	作前项	作后项
单单	1	2	偏偏	2	1
顶多	6	0	唯独	2	0
独	1	0	无非	2	0
独独	1	0	只	7	21
刚	1	5	至多	4	0
刚刚	1	3	专	0	2
光	2	3	专门	0	2
光光	2	0	最多	6	1
仅	4	7	单独	1	1
仅仅	7	6	——		

4.2.3 从这个统计中我们可以得到一种排序,即如果把作前项的能力与作后项的能力加以对比,我们可以得到下面一种序列,如图 12 所示。

| 前项＞后项 | | | 前项＝后项 | | | | 前项＜后项 | |

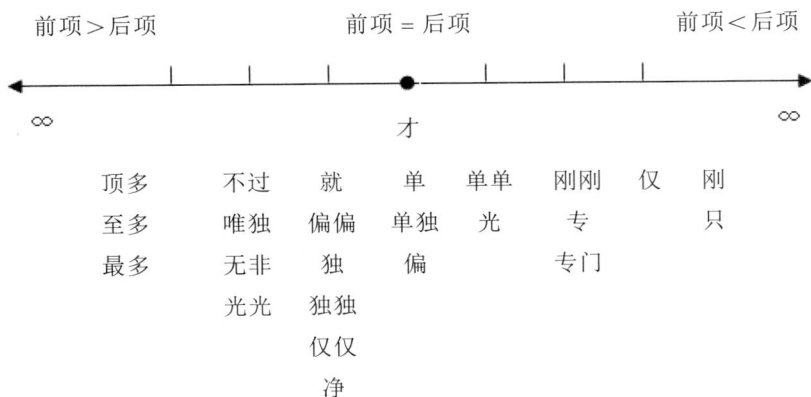

顶多	不过	就	单	单单	刚刚	仅	刚
至多	唯独	偏偏	单独	光	专		只
最多	无非	独	偏		专门		
	光光	独独					
		仅仅					
		净					

图 12　限定性副词作连用前项和后项能力示意图

说明：①前项＞后项，表示该词作连用前项的能力大于作连用后项的能力；
②前项＝后项，表示该词作连用前项和作连用后项的能力相当；
③前项＜后项，表示该词作连用前项的能力小于作连用后项的能力。

从中我们大致可以归纳出以下特点：

一是双音节词作连用前项的能力大于单音节的词作连用前项的能力；

二是有重叠式的词重叠式作前项的能力大于基式作前项的能力；

三是 LF 作前项的能力大于作后项的能力，并且大于 WF 作前项的能力，"刚"除外。

其中第二个特点可以作为第一个特点的一个证明。

这三个特点大致可以反映出限定性副词连用次序所遵循的规则，即：

一、双音节》单音节

二、LF》WF，但"刚"是例外。

这里有几点需要说明：第一，这里的两条规则只是从上述语料统计中归纳出的比较明显的倾向性特点，而不是全部特点。比如没有归纳同为 LWF 的"就、仅、只"的排序关系等。第二，这两种排序方式是不同性质的，因此，其中会有交叉重合之处，比如 LF 双音节的比较多。第三，这个排序是相对的而不是绝对的，也就是说，规则是可以违反的。比如，按照规则二，"才""只"连用的语序应该是"才＋只"，因为"才"是 LF，而"只"是 LWF，但实际语料中也有"只＋才"这种语序，只不过很少见罢了。这里的规则只是规定出优势语序，却不一定要排除其他语序。

4.3 限定性副词连用次序的成因

4.3.1 副词共现连用次序的解释

对于副词共现连用时表现出的有序性目前已有很多较有说服力的解释，较有影响的是袁毓林（2002）和杨荣祥（2005）。袁毓林（2002、2004）把多项副词共现时应遵循的语序原则归纳为：

一是语篇原则，具有语篇关联作用的词语排在最前面；

二是 范围原则，语义统辖范围大的词语排在其他词语之前；

三是接近原则，具有语义连结（约束）关系的词语尽可能靠近。

并提出在这三条语序原则作用下多项副词共现的基本语序模式：

关联副词》模态副词》范围副词》状态副词

杨荣祥（2005）在分析了袁毓林的三条原则之后认为其中范围原则是根本原则，并提出制约不同副词连用次序的辖域原则[①]。具体为：

当不同的副词连用时，辖域大的副词位于线性次序靠前（左端）的位置，辖域小的副词位于线性次序靠后（右端）的位置。

袁毓林和杨荣祥二位先生所提出的原则是就副词整体内部不同次类成员的共现现象而言的，可以说并不能直接用于对我们所论的限定性副词小类内部连用现象的解释，但对我们的研究有重要的启发（详见后文），所以我们把这些提法列在这里。

---

① 杨荣祥所提出的原则是在对近代汉语副词连用现象的分析基础上独立提出来的，我们认为也同样适用于解释现代汉语同类现象。详见杨荣祥（2005）。

4.3.2 限定性副词内部连用次序的解释

我们在上文（4.2.3 小节）归纳的两条看似不同性质的规则可以分别从韵律和语义两个方面加以解释。在本节最后我们会得出这两种解释从语言心理上可以统一归结为省力原则。

4.3.2.1 双音节居前与汉语自然音步

上一节规则一"双音节、单音节"可以解释为"双音节居前"，这里面实际上包含了两种情况：一种是双音节在双音节之前，如"至多 | 仅仅""最多 | 不过"等四音节连用的情况，韵律格式为"2+2"；一种是双音节在单音节之前，如"不过就""单单只""仅仅才"等三个音节连用的情况，韵律格式为"2+1"。其中第一种是从语义、句法和语音上都比较自然。而第二种情况为什么也很多呢？这里我们尝试用韵律句法学的理论加以解释。

首先，孤立地看上述词例（4.2.1 小节图表下所列），基本符合汉语自然音步的实现规则。根据冯胜利（2000）的研究，汉语中的标准音步（即一个轻重组合）必须至少由两个分枝组成；且汉语自然音步（指排除了语义和句法影响的纯韵律音步）的实现方向只能是由左向右，即："右向音步"。所谓"右向音步"可以这样理解：汉语中双音节自成一个音步，而单音节不足以构成一个音步，必须黏附于一个比它重的形式（如双音节形式），而且只能向左黏附。

从上面的调查中我们发现，限定性副词在句法中虽然只能作状语——即冯胜利书中所说的附加成分，但在使用中仍然遵循着汉语的自然韵律规则，即在不受句法、语义、语用因素干扰的情况下，音步的方向是"由左向右"的，即双音节的形式应该居左，而在同一韵律单位（音步）之内，单音节的形式只能向左黏附于左边的双音节形式。

统计一下上面（4.2.1）的词例表，"2+1"格式的有 35 个，约占我们统计词例总数（78 个）的 45%，而"1+2"格式的只有 14 个，约占总数的 18%。两者之所以有这样的差距，应该说是汉语自然音步的规律在起作用。"2+1"的格式反映了汉语自然音步的实现规则，是比较自然的形式。

其次，"1+2"格式存在的原因则比较复杂。

第一，在 14 个"1+2"格式中，"才 XX"有 3 个，这是"规则二"在起作用（即 LF 居前，详细解释见下文）。

第二，有些孤立地看是"1+2"的格式，进入句中后已经受相邻成分的影响而改变了，如：

（20）他所采取的方式，是不下命令而只单单进行劝说的一种方式。（ccl）

（21）这正是不追求真理，而 只专门为自己的利益打算的人通常运用的一种狡计。（ccl）

（22）一百年莫非真的太遥远、甲午海战莫非真的 就仅仅是"当兵的事儿"？（ccl）

（23）不管他干什么，我怎么 就单单喜欢他呢？（ccl）

就韵律而言，例（20）和（21）中的"只"已经跟前面的"而"先行粘合成一个音步，再跟后面的双音节成分组成更大的音步"而只 | 单单"和"而只 | 专门"。而例（22）和（23）中的"就"按本意来说应当重读，跟后面的限定性副词一起加强限定性，但读起来它常常跟前面的成分先行粘合成"莫非真的就""怎么就"的形式，而变成了轻音。

第三，还有一些是受本义或表意的影响，如：

（24）那是一个反映了全宇宙，又丝毫未改变原来世界的体积，而直径仅不过 二三公分的小镜子。（ccl）

（25）5 立方分米，所需的能量 只不过 10 瓦左右。（ccl）

（26）这年，他 只仅仅 得到了 65 元的压岁钱，还不及过去一个零头。（ccl）

限定性副词"不过"本来是由否定词"不"和动词"过"结合而成的，虚化为限定性副词之后仍然保留着部分本义，这是语法化中词义滞留（persistence）[1]现象。当它的本来意义得到强调时，就必须紧靠其所限定的数量成分，而把单音节的"仅"和"只"挤到了前面。如例（26）中言者意在强调钱数之少，跟"只"相比，"仅"更倾向于靠近数量成分，因此言者采用了"只仅仅"这种格式。当然，在这里韵律也在发挥作用，如把"仅仅"换成单

---

① 有关滞留性（persistence）的提法和解释见霍坡·保罗·丁（Hopper, Paul J.1991）。本文参考了霍坡（Hopper, 2003）和吴福祥（2005）。

音节的"仅"也不合适 。可见,在实际语言使用中,语义、表达和韵律是交互起作用的。

4.3.2.2 语义指向与 LF 居前

在上节统计中,LF》WF 也是一个常规。首先我们注意到多数 LF 是双音节的,单音节的只有"才"和"刚",而以"才"为前项的"1+2"格式的有 3 个,"1+1"格式的有 3 个。而以"才"为后项的有 6 个(这 6 个之中包括不常见的词例,详见下节及附录)。那么,LF 居前除了可以从韵律上解释原因之外,还可以找到什么依据呢?

4.3.2.2.1 在这里我们尝试提出一个假设,即汉语中存在着这样一条语序规则(暂时称作规则 Y):

Y:语义指向源与其语义指向标的之间无间隔。

所谓无间隔是指某一指向源与其指向标的之间没有其他指向源成分。

下面我们先初步验证一下此假设(4.4 小节还要对此假设进行详细验证)。比如说总括副词与限定副词连用时的语序为:"总括》限定"(对此很多学者意见一致),如:

(27)他们都只念过小学。→ * 他们只都念过小学。(袁毓林,2002)

袁毓林用语义接近原则(见本节开头部分)对这种语序进行解释,"总括副词由于是向前标举复数性的名词性成分的范围,因而居于向后标举名词性成分或动词性成分的范围的限定副词之前"。这是从词语本身的语义指向方向出发给出的相当有说服力的解释。对这种语序也可以用我们提出的上述规则 Y 加以解释,或者换个角度说,这种总括副词与限定副词共现时的语序表现也可以验证我们所提出的规则 Y。

用规则 Y 解释上面例句的过程是这样的:第一步,找出指向源和各自的指向标的;第二步明确语义指向的方向,例句中"都"向前指向"他们","只"向后指向"小学";第三步根据规则 Y,指向源和指向标的之间不能插入其他指向源成分。所以例(27)的语序为下面图 13 所示的样子:

图 13 "都只"语义指向示意图

指向源成分直接指向标的成分,所以句子没问题。如果"都"和"只"的顺序颠倒,就会违背我们所提出的规则 Y,造成下面的情况,如图 14 所示。

图 14 "只都"语义指向示意图

我们看到,在这个式子中,"都"要向前指向"A",要先越过"只";同样,"只"要向后指向"B",也要越过"都"。两对指向源和指向标的之间都有其他的指向源成分造成的间隔,违背规则 Y,所以句子不合法。

4.3.2.2.2 我们提出的规则 Y 并非仅仅是袁毓林先生语义接近原则的一种翻版,也不是独出心裁,而是在语义接近原则基础上向概括性和操作性上再迈一步的一种尝试。比如就概括性而言,袁毓林先生(2004)对有时限定副词先于总括副词的解释是,当限定副词所标举的成分前移时,限定副词也要随之前移;当总括副词所标举的成分被挤到后面时,总括副词也要随之后移。当这两种过程同时发生时,造成了限定副词先于总括副词。例如:

(28)他仅仅把导师写的那两本书全都弄熟了。

(29)小王只对这几个问题都有点儿兴趣。(此二例为袁毓林 2004 例)

其实,不管在前在后,限定副词与总括副词各自的指向方向是不变的。当标举成分为同一个时,语序必为:限定》总括。并且,只要用规则 Y 就可以概括"总括》限定"和"限定》总括"这两种语序的成因①。

4.3.2.2.3 用我们提出的规则 Y 可以解释为什么 LF 在连用时常在前面。前文(见 2.2.2.2 小节)我们论证过,LF 在语义指向上可以前后双指,而多数 WF 只能后指。因此,按照规则 Y,在句子中 LF(设其指向标的为 A 和 B)和 WF(设其指向标的为 B)的语序应该是图 15 所示的情况:

---

① 当然,用袁毓林先生提出的语义接近原则也可以概括这两种语序,因为无论在前在后,"作为算子的副词应该跟受其约束的变量性成分尽可能地靠近"。还是那句话,我们这里是一种尝试。并且,我们仍然坚持我们提出的规则主要是为了说明限定性副词内部连用时的语序。详后。

A　　　　　　LF　WF　　　　　B

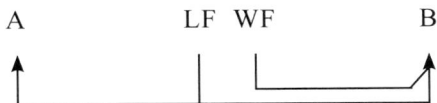

图 15　LFWF 语序语义指向示意图

相反，如果 LF 和 WF 颠倒，则会造成图 16 所示的情形：

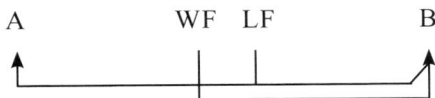

A　　　　　　WF　LF　　　　　B

图 16　WFLF 语序语义指向示意图

我们看到，在图 15 中，当 LF 指向 A 和 WF 指向 B 时中间无其他指向源成分间隔；当 LF 向后指向 B 时，要越过 WF，这违反了规则 Y 一次。而在图 16 中，LF 向前指向 A 和 WF 向后指向 B，都有障碍，要违反规则 Y 两次。因此，即使在语料中两种语序都存在，LF》WF 是好的，而 WF》LF 则是较差的语序。例如：

（30）他不过就是个科长。

（31）? 他就不过是个科长。

（32）这件事顶多只老王知道。

（33）? 这件事只顶多老王知道。

（34）才只一天，李晓明就拉出了提纲，七天就完成了全部剧本，整整 8 集。（ccl）

35）? 只才一天，李晓明就拉出了提纲，七天就完成了全部剧本，整整 8 集。（ccl）

按照优选论（Optimality Theory，简称 OT）的理念，规则是可以违反的，"合法即最佳（grammaticality equals optimality）"（蒋平，2005）。因此，相对而言，LF 居 WF 之前时，违反规则 Y 一次，较好；LF 居 WF 之后时，违反规则 Y 两次，较差。

4.3.2.3　上面我们分别对决定限定性副词连用次序的两个规则的原因进行

了初步的探索。其实，无论是"右向音步"还是优选原则，都可以归结为人们使用语言时所遵循的省力原则。下面我们简单讨论一下。按照冯胜利（2000）的说法，"'右向音步'也许是受先后次序限制的生理机制而形成的。如果是这样，那么'右向音步'就是'顺向音步'"。其实所谓"顺向"就是顺着人只能一个音节一个音节发音的方向来的，人类语言音步的实现只能是从前到后的。人们使用语言时，从前到后辨识音步也是顺应人的听读顺序的，如果反过来，人们只能听完整串音（一个句子）之后才能从后面逐一辨识切分韵律单位（词），这几乎是不可能的。另一方面，就语序规则而言，不违背比违背总是省力的。以我们的规则 Y 而言，人们辨识一个成分指向哪一个成分时，没有障碍和越过障碍相比，总是前者更为省力。因此，我们前面总结出的限定性副词内部连用的两个语序规则，总归都是由人类使用语言时的省力原则支配的。

当然，无论是韵律句法学还是优选论，同许多其他现代语言学理论（如标记理论等）一样，多是从国外借鉴而来的，就句法理论而言，一般在现代汉语中多在实词（名动形）或典型句式（如把字句，被字句）中加以检验和发挥。很少在虚词（至少是副词）中运用。无论借鉴韵律句法学的理论还是优选论的操作方法，在我们来说都只是一种尝试，都有待于进一步的验证。

4.4 "才"和"只"与"才+只"

4.4.1 "才"和"只"

对"才"和"只"分别进行研究的文章已有很多，而把它们放在一起加以对比研究的则很少见，原因可能是"才"的义项比较多，"只"的义项比较单一，在传统的词类系统中，两者分属不同的小类，没有多少可比之处。我们之所以对"才"和"只"的对比感兴趣，是基于下面两个事实：一是在表示"数量少"这一点上，"才"与"只"在意义上有相通的地方，见吕叔湘

《现代汉语八百词》，现转引如下（例句照录，序号为本文所加）：

才：

3．表示数量少，程度低；只

（36）一共～十个，不够分。

（37）我～看了一遍，还要再看一遍。

（38）这孩子～6岁，已经认得不少字了。

（39）他～比我早到一天。

（40）～星期二，还早呢。

（41）他一个人就翻译了五十页，我们几个人合起来～翻译了四十几页。

（42）他～是个中学生，你不能要求太高。

二是语料（CCL）中有"才／只"连用的例子，如：

（43）几天前发布了总理去世的消息，这样惊天动地的事［才只］几天，报纸上怎么还会有心思登剧照？

（44）但是由于这个世界的元素首先只是思维，所以意识［只才］具有这些思想，还并没思维它们，或者说，还不知道它们就是些思想。

我们的问题是：①同样在"表示数量少"这一点上，"才"与"只"的语法表现完全相等吗？②"才／只"连用现象的合语法度如何？③"才／只"连用的现象中"才／只"与"只／才"哪个是优势语序？下面分别回答这三个问题。

4.4.2 "才"与"只"在"表示数量少"上的差异

仔细考查上文中例（36）～（42），我们会发现这些例句中有的"～（＝才）"只是在语义上相当于"只"或"只有"，实际上每个句子中的"～（＝才）"都不能单纯地用一个"只"来替换。似乎只有在孤立的小句（39）中可以替换，但替换之后意义已经改变。比较：

（45）他才比我早到一天。

　　→他比我早到的时间本应该超过一天。　　：主观评价

（46）他只比我早到一天。

　　→他比我早到的时间是一天。　　　　　：客观陈述

仔细体味上文所引《现代汉语八百词》的几个"才"字句的例子，其实

都带有一定程度的主观评价性,因此都不能简单地用"只"替换。所以严格地讲,虽然同样是"表示数量少",但"才"≠"只",两者不能替换,也就是说它们有着不同的语法表现。

我们认为,二者之所以有着不同的语法表现,是因为它们有着不同的语法意义和由不同的语法意义所决定的不同的语义指向。

4.4.2.1 语法意义不同

我们说同例(46)相比,例(45)那样的"才"字句带有较强的主观性,那么这种主观性来自哪里呢?再看下面的例子:

(47)三个月才写了两千字。

(48)三个月只写了两千字。

如果单纯地看这两个例子,似乎没有什么不同,可是在真实的语料中,句子应该是这样的:

(49)三个月才写了两千字,他还好意思说!

(50)他这三个月只写了两千字的文章,别的什么也没干。

例子(47)表现出了较强的主观性,显然这种主观性来自"三个月"与"两千字"的对比,也就是时间的"长"与实现量的"少"的比较[①]。这句中的"三个月"和"两千字"都要重读。而例(48)只是客观地陈述所做的工作很少,这里"三个月"是不重读的。如果把"三个月"去除掉,仍然会显示这种不同,如:

(51)他才写了两千字。

(52)他只写了两千字。

显然,例(51)仍然表示一种比较,是把实现的量("两千字")跟预期的量(如"时间长应完成的量多"或"别人完成的多,他也应该一样多")

---

① 李宇明(2000)指出"才"是双量副词,可指向一对相互感染的主观大、小量。这给了我们很大启发。实际上,据我们的观察,即使"才"在意义上联系了两个实际出现在句子形式上的量,往往也不是单纯表示这两个实际出现的量的对比,其中一个必为隐含的预期量。如:"十个人才喝了五瓶汽水"(李宇明2000引陈小荷1994用例)。这里"才"表现的不是"十个人"与"五瓶汽水"的对比,而是隐含的"十个人应该喝的汽水"与"五瓶汽水"的对比。

做了对比。只不过这个预期的量在句子形式上是隐含的。而例（52）那样的"只"字句则没有这种对比的意味，如果要表现对比，则必须在形式上另加一个带有对比量的句子，如：

（53）别人写了两万字，他只写了两千字。

显然，如果为了强调比较，用"才"字句更合适，如：

（54）别人写了两万字，他才写了两千字。

在表示数量意义时，"才"含有"跟预期的数量相比较，实现的数量少"。同时我们认为，"才"所表现出的主观评价语气是在这个意义的基础上由特定的句式（比较句）填加上的，属派生意义。邵敬敏（1999）已经指出"不论表示'反驳'还是'肯定'语气，都只是'才'字句在使用过程中所增加的派生意义"，我们通过观察证明这种意见是比较符合实际的。而"只"则单纯表示数量少。

4.4.2.2 "才"与"只"在语法意义上的这种差别还可以从以下语言事实上得到证明，如：

（55）昨天下午他才讲了半小时。

（56）昨天下午他只讲了半小时。

（57）*明天上午我才讲半小时。

（58）明天上午我只讲半小时。

"才"字只能用在过去时或完成体中，"只"则没有这种限制。同样是"表示数量少"的"才"与"只"在时体上的这种差别，正是二者语法意义不同的表现：因为"才"表示预期的量与现实的量的对比，"才"字句中实际出现的量应为实现的量，所以"才"字只能用在过去时或完成体的句子之中，而"只"则无所谓实现量和未实现量，所以没有时体的限制。

4.4.2.3 语义指向不同

主要是两者语义指向的方向不同。"才"可以前后双指，而"只"只能后指。关于"才"的语义指向我们在前文（见 2.2.2.2.1 小节）中已经论证，这里只作为与"只"的对比简单论述一下。

上文我们论证"才"的数量意义是在比较中体现的，而"只"则单纯地表示数量少，所以，在含有两个数量成分的句子中，"才"的指向是"前后双指"的，如上文所述，"才"字句中的两个数量成分都要重读，而"只"的指向则是"单向后指"的[①]。

　　三个月　才　写了　两千字,他还好意思说!

　　他这三个月　只　写了　两千字的文章,别的什么也没干。

　　并且,上一节的研究表明,"才"表示预期量与实现量的比较,因此,即使形式上没有出现前面数量成分的"才"字句语义上仍有一个预期量成分,这时"才"前指的正是这个隐含的预期量成分;而"只"字句无须这个预期量成分。例如(方框表示隐含成分,下同):

　　他 本应写两万字 才 写了 两千字。

　　他 只 写了两千字。

　　十八个孩子应该有十八个座位,一共 才 十个(座位),不够分。

　　教室里一共 只 有 十个座位。

　　(这个电影别人都看好几遍)我(应该多看几遍,可是)才 看了一遍。

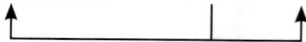

　　这本书我 只 看了一遍。

---

① 关于"只"的语义指向是单向的,已经有许多研究者明确提出了这一点,如邵敬敏(1988、2001),陈伟琳(1993、1998),张谊生(2000)等。

$$
\left\{
\begin{array}{l}
\text{他（比我 \boxed{早走一周}）才 比我 早到一天。} \\
\\
\text{他 只 比我 早到一天。}
\end{array}
\right.
$$

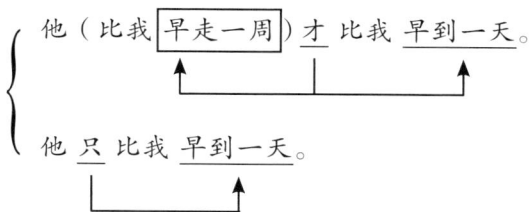

事实证明，从语义指向上看，"才"是指向两个量，是前后双指的，而"只"则指向一个量，是单向后指的。

4.4.3 "才+只"

这里有两个问题，一是"才／只"连用的合语法度如何，二是"才+只"与"只+才"何者为优势语序。本小节试图在优选论（OT）的框架下对这两个问题做出统一的解释。

4.4.3.1 输入项与制约条件

优选论作为一种音系理论从 20 世纪 90 年代中期就开始不断有学者介绍到国内来，但把它运用到汉语语法研究中的还不多[①]。在这里我们只是借鉴它的理念："合法即最佳（grammaticality equals optimality）"（蒋平，2005）——来解释我们的问题。这一理念明确提出，语言形式的合法性（well-formedness）是相对的而不是绝对的。只要是最低限度地违反了最优制约条件的形式就是最佳的形式，也就是合语法的形式。

运用优选论来研究句法现象，首要的问题仍然是："输入项是什么"。据我们有限的了解，目前国内外对于优选论运用于汉语句法研究尚无可资借鉴的成系统的说法。目前大概只有对含有动词词首的结构有。格里姆肖（Grimmshaw. J，1997）："OT 句法中，凡输出项含有动词的句子，其输入项就是这个动词词首及其论元结构，其中也包含了论元指派以及与动词相关的时体特征等等。"[②]潘海华、梁昊（2002）："输入指生成扩展映射的因素，简

---

① 关于优选论的介绍可参阅王嘉龄（1995）、马秋武（2001）、蒋平（2005）等。
② 转引自余小强（2005）。

单地说,包括实词性中心词、中心词的论元结构和充当其论元的成分。"而我们所研究的"才 / 只"并非谓语动词的必有论元,因此这个问题可以不涉及动词,所以基于动词或实词性中心词的理论并不能帮助我们确定我们所要研究的语言形式的输入项。好在优选论还有一个说法是对输入形式(项)不设任何限制(蒋平,2007)。由于我们要解决的是由语义差异造成的句法差异现象,因此我们在这里就把语义作为输入项,具体为:

输入项:指向源 + 指向标的

说明:指向源(Source)在这里专指句子中的副词性成分,下文用"S"代表;指向标的(Target)是指指向源所指向的成分,下文用"T"代表。

第二个问题是制约条件的确定。为了解决我们的问题,我们在这里提出一个假设的原则作为制约条件,这个原则即我们在本章上一节提出的规则Y,在这里我们把它重新转写一下,即:

制约条件:指向源(S)与指向标的(T)中间无障碍(*B=*Barrier 表示禁止障碍)

4.4.3.2 对制约条件的检验

汉语句子中指向源 S 和指向标的 T 可以有四种搭配方式:一是一 S 一 T;二是一 S 多 T;三是多 S 多 T;四是多 S 一 T。下面分别讨论这个原则在这几种情形中是否具有普遍性。

4.4.3.2.1 一 S 一 T。看下面这两组例子(例句引自陆俭明、沈阳 2003):

59)① 只他昨晚写了一封信。

② 他只昨晚写了一封信。

③ 他昨晚只写了一封信。

④ 他昨晚写了只一封信。

60)① 是他明天要访问北大。

② 他是明天要访问北大。

③ 他明天是要访问北大。

④ 他明天要访问是北大。

按照陆、沈的说法:"汉语起强调修饰作用的副词'只'和'是'一般认为都是需要有某个被修饰的'焦点'的,而确定这种强调焦点最常见的方式就是让'只'和'是'这类强调修饰成分紧挨着被修饰的焦点成分。"这里所说的"只"和"是"与"焦点"就涉及句法形式和语义之间的关系,即作为指向源的"只"和"是"与它们的指向标的即"焦点"之间是无障碍("紧挨着")的。

4.4.3.2.2　一 S 多 T。有时一个指向源可以潜在地指向多个标的,如上一节中所举的"才"双指的例句,再看其他情况:

（61）我们单单动员<u>人民</u>进行<u>战争</u>。(《毛泽东选集》第一卷)

（62）光光因为你和县委副书记谈过话你就骄傲起来了吗? (柳青《创业史》)

（63）唐元豹仅穿着 <u>一条</u> 游泳裤。(王朔《千万别把我当人》)

（61）中"单单"可以指向"人民""战争"或"动员人民进行战争";（62）中"光光"可以指向"县委副书记""谈过话";（63）中"仅"可以指向"一条""游泳裤""一条游泳裤""穿着一条游泳裤"。

这些例子表明,指向源和指向标的之间可以隔着其他可充当指向标的的成分,却没有出现其他可以充当指向源的成分。

再看其他例子:

（64）老王脆脆地炸了盘花生。

（65）他大大地发了一笔横财。

（66）他圆圆地在纸上画了一个句号。

这三个句子中的状语（S）与它们的指向标的（T）之间也有间隔的成分（谓语动词）,但是没有同类的可以充当指向源的成分插在中间。

4.4.3.2.3　多 S 多 T。如（袁毓林 2004 例）:

	A		B
（67）	他们都只念过小学。	→	*他们只都念过小学。
（68）	她们全非常想出国。	→	*他们非常全想出国。
（69）	他俩一同悄悄溜出教室。	→	*他俩悄悄一同溜出教室。

这组例子很说明问题,袁毓林把这种现象解释为语义接近原则的制约,"即强调语义上有关联的词项要尽可能地紧挨在一起,或者说在概念空间中语义距离近的词项在语句中的线性距离也相应地近"。按照我们的假设原则,B 组句子之所以不合格,完全可以解释为:同类的指向源成分插在了 ST 之间,如"他们只都念过小学"中"只（S2）"插在"他们（T1）"和"都（S1）"

之间,同时"都(S1)"又插在了"只(S2)"和"念过小学(T2)"之间。其他两个句子不合格也是同样的原因。

4.4.3.2.4 多 S 一 T。又分两种情况,一是两个 S 的辖域之间存在包含和被包含关系,如(黄河 1990 例):

A   B

(70)这些人一再 [白〔占公家的便宜〕]。→ * 这些人白一再占公家便宜。

(71)大概 [挺〔满意〕]。   → * 挺大概满意。

这两组例句中,重复副词"一再"和语气副词"大概"占宽域,而分别与它们共现的方式副词"白"和程度副词"挺"都占窄域,两个共现的副词属于包含和被包含的关系,因此不可颠倒。B 组之所以不合法也可以解释为 S 和 T 之间插入了其他的 S 成分;而 A 之所以合法,是因为两个 S 辖域不同,不存在占窄域的插入宽域内部的问题。其实,这种情况中的 T 并不是一个,严格地说,这并不能算多 S 一 T,我们把它列在这里,是要把这种情形排除。

二是两个 S 的辖域之间不存在包含和被包含关系,我们研究的"才 / 只"连用句就属于这一类,其他如:

(72)莺儿名字本来是两个字,叫作金莺,姑娘嫌拗口,<u>只单</u>叫莺儿。

(73)他家<u>仅只</u>养猪一项,就收入几千元。

例(72)中"只(S1)"和"叫莺儿(T1/2)"之间有同类成分"单(S2)"阻碍;例(73)中"仅(S1)"和"养猪一项(T1/2)"之间也有同类成分"只(S2)"插入其间。但这两个句子都合格,说明我们提出的原则可以被违反。

以上分析表明,汉语中大量事实支持我们所提出的假设,同时也表明这个假设的原则可以被违反,说明它是汉语中的一条优势原则。据此,我们把前面提出的制约条件进一步具体化为:

制约条件:*B:指向源 S 与指向标的 T 之间禁止另外的同类指向源成分。

这个制约条件的作用是保证语言结构的简约性,贯彻语言信号处理的省力原则。

4.4.4 对"才 + 只"合法性及"才 / 只"连用语序的检验

下面我们使用违反筛选表(violation tableau 有关此表的说明可参见蒋

平 2005）来对"才/只"连用的合法性及"才/只"连用语序进行筛选。需要说明的是，由于我们研究的对象是"才/只"的连用，所以在筛选条件中首先，要设立"SS 连用"作为排在第一位的制约条件，以便把不是连用的与我们研究论题无关且没有语言事实支持的输出候选项排除掉。其次，由于我们上面研究得出了关于"才"和"只"语义差异的结论，所以也要把"才双指""只后指"作为仅次于"SS 连用"的制约条件列出，目的也是排除与我们论题无关且没有语言事实支持的输出候选项。因为在 OT 框架中，输出项在理论上可以是无穷多个，而语言事实中并不存在那些语序组合。这两个条件可以归结为忠实性制约条件，即保证输出形式与输入形式的一致性①。"*B"代表我们提出并加以验证了的简约性制约条件。最后再增加一个与我们已经验证的假设原则相反的制约条件"~*B"，以保证观察的充分性。这些制约条件的排序如下：

制约条件：　　　SS 连用 >> "才"双指，"只"后指 >>*B>>~*B

表 12　根据已知制约条件的优先顺序筛选最佳输出项

输入项:/SS+TT/		SS 连用	"才"双指	"只"后指	*B	~*B
输出候选项	a.T 只才 T				* !　*	
	☞ b.T 才只 T				*	
	c. 只才 TT		* !			
	d.T 才 T 只	* !				
	e.TT 只才		* !			

表中"c""d""e"与其他输出候选项相比，违反了排序在前的制约条

---

① 这三个制约条件也可以归入输入形式之中，但由于此处我们的输入项不够具体，所以我们把这三条作为优先条件放在制约条件之中。由此可见，输入项的具体程度和制约条件的多少之间有一种反比关系。

件,因此是致命的,所以首先被排除掉。"a"项违反了制约条件"*B"两次, "b"项违反了制约条件"*B"一次,因此,与"a"项相比,"b"是最佳输出项。

为了使我们的说明更清晰,我们来看下面的图17所示。

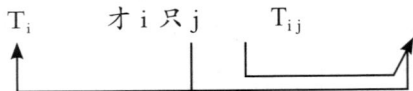

$$T_i \qquad \text{才}_i \, \text{只}_j \qquad T_{ij}$$

图17　优选项"b"语义指向示意图

图18是优胜项"b"的语序示意图,图中显示,指向源"才"和它前面的指向标的"Ti"一之间没有障碍,指向源"只"和它的指向标的"Tj"之间也没有障碍,而指向源"才"和它后面的指向标的"Ti"之间隔着另一个指向源成分"只"。这就违反了一次制约条件"*B"。也就是说,当指向源"才"与其后面的指向标的"Ti"联系时,要越过一次障碍。

这是劣势项"a"的语序示意图,图中显示,指向源"才"和它后面的指向标的"Ti"之间没有障碍,而指向源"才"和它前面的指向标的"Ti"之间隔着另一个指向源成分"只",指向源"只"和它的指向标的"Tj"之间也隔着另一个指向源成分"才"。这就违反了两次制约条件"*B"。也就是说,当指向源"才"与其前面的指向标的"Ti"联系时,要越过一次障碍;而指向源"只"和它的指向标的"Tj"联系时,又要越过一次障碍。这样的语序无论在语言的编码还是解码阶段,都会给使用者带来额外的负担,因此是劣势语序。

$$T_i \qquad \text{只}_j \, \text{才}_i \qquad T_{ij}$$

图18　劣势项"a"语义指向示意图

这个筛选结果说明了两个问题:

一,"才/只"连用是合法的,因为我们上文说过,制约条件"*B"是可以被违反的。但是因为"b"项也违反了制约条件"*B"一次,所以其合语法度稍差,语言事实也支持这一点,CCL检索"才/只"连用的句子数量有限,只有 12 例（例见附录）。

　　二，"才＋只"是优势语序，"只＋才"是劣势语序。同样，语言事实也支持这一点，在有限的"才／只"连用的语料中（共 17 例），"只＋才"共有 5 例，是出自同一种翻译作品、同一位译者之手（例见附录）。

4.4.5　本节研究与以往研究的比较

4.4.5.1　关于"才"的语义及"才／只"语序。关于"才""只"的异同，虽少有把二者放在一起进行比较的研究，但许多研究者分别对这两个词进行研究的时候已经提出了很多正确的观点，为我们的研究提供了宝贵的启示。

　　同时，关于副词共现时的一般语序问题也有很多学者做出描写和阐释，现取其中有代表性的摘录如下：

　　黄河（1990）：语气＞时间＞限定＞程度＞否定＞协同＞重复＞方式

　　赖先刚（1994、2005）：关联／语气＞时间／频率／处所＞范围＞程度／否定＞情态／方式

　　张谊生（1996）：评注性＞关联＞时间＞频率＞范围＞程度＞否定＞协同＞重复＞描摹性

　　一些学者对其他语言的描写也显示出语气词位于句首不只是汉语独有的语序，如柳英绿（1999）描写朝鲜语副词语序：

　　语气＞时间＞频率／范围（互为先后）＞程度＞情态方式＞否定＋中心语

　　英语中副词的情况比较复杂，但张道真（1995）指出表示全句语气的副词如 frankly，actually，fortunately，surely 等一般也位于句首。

　　如果"才"是语气词，那么"才＋只"是优势语序符合一般语序的通则，而且从逻辑和认知上可以很容易地得到解释。王光全（2002）论证了在句子生成阶段，"深层语调"（即语气）首先生成。按照这种说法，那么表语气的词语在句子生成后位于其他词语之前应该是符合句法对语义的临摹原则的。袁毓林（2002、2004）也更为明确地提出语气副词在"较前端的位置出现，便于听话人的认知处理"。

　　但是，前面（见 4.4.1.1 小节）的分析表明"表语气"并不是"才"本身具有的语法意义。这里再补充一点。按袁毓林（2002、2004）的说法，语气

属"基本命题之外的模态性成分"。这就是说,它们与基本命题的真值无关。而"才"在"表示相比之下数量少"这个基本意义上,对命题中出现的量项具有约束力,本质上应属于逻辑量词(算子)成分,与基本命题的真值有直接关系(在这一点上与"只"没有什么不同),因此不能把它处理成语气词,至少在我们讨论的范围内不能认为"才"与"只"分属不同的小类。

4.4.5.2　关于"才只"语序的解释。白丁(1986)和袁毓林(2002、2004)都对副词共现问题做出了解释,特别是袁毓林(2002、2004)提出针对副词排序的语义接近原则(semantic proximity principle)"作为算子的副词应该跟受其约束的变量性成分尽可能地靠近"给了我们很大的启示,但是"尽可能地靠近"到什么程度(如 STTT 结构怎样才算尽可能地接近等)是我们这里所关心的问题。从这个意义上说,我们在 4.2.2 节所提出的优势原则"*B"应该看作是把袁毓林先生这条"语义接近原则"的进一步具体化的一种尝试。应该说,优选论能够为解释同类词共现的语序问题提供一种操作性较强的途径和方法。当然我们所作的只是一种不成熟的探索,特别是理论方面尚有待进一步验证和完善。

4.4.5.3　以上研究表明,汉语中"才"和"只"有着语义上的差别,并且这种语义上的差别决定了两者在句法上的不同表现。"才"在表量时凸显比较,在语义指向上具有双向性;而"只"在表量时单纯表限定,语义指向上是单向"后指"的。"才+只"是合法连用,且"才+只"是优势语序,但用例不多。"只+才"的合法性差,是淘汰的形式。文章同时表明,语义指向源和语义指向标的之间不允许出现其他同类指向源成分,至少在汉语中是一条优势原则。

4.5　本章小结

　　本章集中讨论一种看似不常见的语言使用现象——限定性副词内部的连用问题。首先我们承认在真实的语料中存在着的这种现象是既不违背语法，也不是很少见的个别现象。然后我们通过语料调查，把限定性副词内部连用时的语序归纳为两条规则：规则一是双音节居前，规则二是 LF 居前。并从韵律和语义指向两个方面分别对造成这种语序的力量给予揭示。最后以"才＋只"连用时的语序为个例对造成该语序的语义上的原因进行剖析。本节主要结论为，支配规则一的是汉语自然音步的实现方向，即"右向音步"使汉语音步中"2＋1"格式成为合法格式，而"1＋2"格式则受语篇中其他因素的影响，如共现的成分有、言者的表意重心等，可以改变原有的格式规则。说明汉语语序是由韵律、篇章、语用等综合因素决定的。支配规则二的主要原因是汉语中语义指向源和指向标的之间无障碍的原则。最后我们把这两种背后的力量归结为语言使用中的省力原则。

附录 1：CCL 检索连用词例及例句（以做前项的词为词条）

不过：

五年前辞去公职、只身南下深圳时，李利民怀里揣着的全部资产<u>不过才</u>几百元。

对于"天"，现代宇宙学<u>不过刚</u>猜出一点皮毛

检察机关对这起案件的调查，<u>不过刚刚</u>开始。

痛苦还未降临到他们头上呐，眼下<u>不过仅</u>是小小的不安，但他们已稍微地有一点接近了。

在我国，恢复社会学研究<u>不过仅仅</u>五年。

其实，看惯了美国的高楼，前三门<u>不过就</u>是村镇罢了，但爸爸的心肠让我体谅到了。

负责同志对记者说：50 个亿元村，在京郊 4 000 多个行政村中<u>不过只</u>占百分之一二，但它的示范效应、它的"排头兵"作用却是意义深远的……

不过，我想整个夏尔也<u>不过最多</u>三百个人，或许更少。

才：

深圳少年管弦乐团，正式组建为双管编制，<u>才不过</u>二三年时间，他们的足迹已遍布广州、香港、佛山、肇庆、大亚湾…

在市场经济的进程中，番字牌乡<u>才刚</u>迈腿儿，亟须你们这样的经济发展顾问。

人们认为，西欧政治家、企业家涌向亚洲的潮流<u>才刚刚</u>开始。

这部小说发行 30 万册<u>才仅</u>够付作者稿酬。

李成经理说：按照建立现代企业制度的要求，我们的"大动作"<u>才仅仅</u>开了个头。

相当于全地球总人口数 (50 多亿) 那么多的细菌加在一起，<u>才只</u>有一粒芝麻的重量。

单：

单仅公路公司一家承包企业，北京分行就以各种方式为其解决了 4 000 万元建设资金。

世界上年轻漂亮的女人多着呢，怎么没强奸别人单就强奸你了呢？

其中帛书、绢之类不去提它，单只讲讲麻纸。

单单：

如果单单只是传话，那只不过是一个传声筒而已。

顶多：

这儿的鱼都不大，顶多不过三四寸长，在沙滩上努力迸跃着。

这一回，县民政局给了 600 元，包村的电力局给了 1 000 元，给了 1 000 元，乡里还送来了木料，加在一起就是 2 000 多元，2 000 多元，说要给咱盖 3 间一面砖的新房，咱那倒塌的 3 间土房顶多才值 1 000 元呀！

她身材不高，胖瘦适中，两眼明亮，头发并未完全白，皮肤白皙并少皱纹，少老年斑，气色好，看上去根本不像一个 92 岁的老人，顶多刚过 70 的样子。

至于大英雄，曹刘也还不够格（顶多仅是失败了的英雄），非刘邦朱元璋莫属。

我们的部长一般情况下不会离开自己的办公室，顶多就是去个副部长或局长的办公室。

前年他种了 5 亩柴胡，还没成材，就开始有人偷，等到收获时，顶多只剩下一亩的收入了。

独：

四周的人们纷纷跑来，同伙顿作鸟兽散，独只社员捂着鲜血淋漓的下身束手就擒。

独独：

少年不识愁滋味，人生的甜酸苦辣，他独独只尝到甜味。

刚：

到火车站时，刚只十一点四十分，吴楚也就不忙，在候车室徒步起来。

刚刚：

当朱自清躲在清华的象牙塔中，一头扎进国学的故纸堆时，还刚刚只有三十岁。

光：

就<u>光仅仅</u>一个衔玉而生，它的味道在哪里？

游街不<u>光只</u>是游，还要停下车来斗。

光光：

噢，要是<u>光光就</u>凭这点理由，我才看不起那些住在德比郡的青年人呢！

要是<u>光光只</u>有一幢富丽堂皇的房子，我也不会把它摆在心上。

仅：

那是一个反映了全宇宙，又丝毫未改变原来世界的体积，而直径<u>仅不过</u>二三公分的小镜子。

到 1993 年底，有效注册商标<u>仅才</u>有 41.12 万件。

不过，对这些刚刚出道甚或还没有出道，<u>仅刚刚</u>冒出了苗头的青年作家们，过于的宠护，总觉得不是件严肃的事。

某民族或某时代的哲学所给予的那种理想，有一部分必定<u>仅只</u>属于该民族或该时代的社会条件所形成的这种人生。

仅仅：

我<u>仅仅不过</u>比大多数人活得长点罢了。

作为中国第一家以漫画为主要经营内容的文化公司，它诞生<u>仅仅才</u>两个多月。

要根据这个字（词）处于一定的句子中的意思来定，不是<u>仅仅单</u>凭古老的字书（训诂书）来看的。

所有这一切表明了：在某一时刻，我们不能<u>仅仅单</u>独考虑单个神经元，而必须考虑许多神经元综合的效果。

这点给养实际<u>仅仅刚</u>够他们充饥，更不用说储存起来了。

所以在这种情况下，<u>仅仅光</u>强调力度讲规则，事无巨细，规则越多越好，其实无助于社会中间的真正一些问题的解决。

有人算了一笔账，如果全世界消耗石油的水平都和美国一样高，那么现在已知的世界石油储量，<u>仅仅只</u>够今后用 13 年。

净：

这些日子我存心和水山哥照面，可是他对我和对别人一样，<u>净只</u>说些工作上的事，打反动派的道理。

就：

关永实益发反感，现在这干女孩子，什么都不会，<u>就单</u>好吃喝玩乐

不管他干什么，我怎么<u>就单单</u>喜欢他呢？

一个月，一个人儿，<u>就光</u>水钱一月我们得花多少钱啊！

结果，保留下来的<u>就仅</u>这么一张明信片。

一百年莫非真的太遥远、甲午海战莫非真的<u>就仅仅</u>是"当兵的事儿"？

支书，主任，文书，每人年薪一千八；另外四个人每人年薪<u>就只</u>有一千。

过去就有这个工作，这些人<u>就专</u>管这个埋抬，就是管死人的。

偏偏：

当电视、戏剧、音乐等诸多艺术已步入市场大潮之时，<u>偏偏只</u>有电影还在计划体制的禁锢之中。

唯独：

你做事样样都清楚明白，<u>唯独就</u>是不知道该等待适当的时机啊！

那一连串的妙语连珠不知怎么禁不住脱口而出，<u>唯独只</u>有一件事他始终守口如瓶，而这也成了他情感世界中无法把握的一片空白——大喇嘛的死和他自己继任这一事实。

无非：

两年的摸爬滚打已经足够让大家变得现实，我们的未来<u>无非就</u>是三种出路：出国深造，留在国内念研究生，或者找工作。

从春节到现在，时间<u>无非只</u>过去了七八个月。

只：

5立方分米，所需的能量<u>只不过</u>10瓦左右。

上述的看<u>只才</u>涉及信仰意识。

莺儿名字本来是两个字，叫作金莺，姑娘嫌拗口，<u>只单</u>叫莺儿。

他所采取的方式，是不下命令而<u>只单单</u>进行劝说的一种方式。

这年，他<u>只仅仅</u>得到了65元的压岁钱，还不及过去一个零头。

她有时候几乎想到断绝了看电影，听戏，逛公园，吃饭馆，而<u>只专</u>爱一个男友，把恋爱真作成个样子，不要那么摆成一座爱的八阵图。

这正是不追求真理、而<u>只专门</u>为自己的利益打算的人通常运用的一种狡计。

至多：

至于提交假运货单，司机<u>至多</u>不过交纳少许罚金或拘留几天就了事。

我们<u>至多</u>仅有一个月的充裕时间了。

我们无法踏着古人的足迹，我们无法直用古人的成方，它们<u>至多</u>仅仅能给我们做参考而已。

美国市场上大多数办公用纸中废旧原料的比例<u>至多</u>只占 10%。

最多：

一个人<u>最多</u>不过活 100 多年，这相对于我们要做的事情来说，实在是太短了。

每公斤鱼运到国内，据说成本<u>最多</u>才三毛钱。

大部分人也只是在离岸二十米以内，在海水刚没过脚脖子，<u>最多</u>刚没过膝盖的地方嬉戏。

我国一年的交易量按高估数还比不上全球一天的交易量，<u>最多</u>仅相当于美国一天的交易量。

往常总是大家根据第二手材料，<u>最多</u>就是到中国去一个短时期，谈谈印象而已。

每日振幅之小，使短线高手也<u>最多</u>只能赚几毛钱。

附录2：CCL 检索全部"才只（有 / 是）"句与"只才"例句

（1）相当于全地球总人口数 (50 多亿) 那么多的细菌加在一起，[才只] 有一粒芝麻的重量。

（2）我们小乘圣人不知苦修了多少世，[才只] 是证得个阿罗汉果。

（3）接着听到眼下给他的钱 [才只]200 万，就搭拉下眼皮，蔫得像十月的高粱叶子。

（4）黄金路 [才只] 半幅贯通，下角经济发展便实现了震人的历史性大跨越！

（5）就巧克力的人均年消费量而言，澳大利亚目前为四千克至五千克，而中国 [才只] 有二十五克。

（6）新世纪的熏风，改革开放的大潮使它走出封闭和沉寂，[才只] 有几年时间。

（7）他今年 [才只]47 岁，平时不嗜烟酒，素食简服，却从自己的劳动所得中拿出一笔……

（8）张万芳一个月的工资只有 200 元，就是自己一分不花，每个孩子 [才只] 有 50 元，真是微不足道。

（9）几天前发布了总理去世的消息，这样惊天动地的事 [才只] 几天，报纸上怎么还会有心思登剧照？

（10）杜甫仅活了 58 岁，李白 [才只] 有 51 年的寿命。

（11）[才只] 一天，李晓明就拉出了提纲，七天就完成了全部剧本，整整 8 集。

（12）……离上海虹桥国际机场也不过 110 公里，到苏州光福机场 [才只]10 公里。

以下是"只才"句，均出自同一种文献：当代 \ 翻译作品 \ 应用文 \ 精神现象学。

（13）我们所以说是一种秘传的东西，因为在这种情况下科学仅 [只才]
存在于它的概念或内在本性里；我们所以说它是少数个别人的，因为在这种
情况下科学还没广泛地出现，因而它之客观存在是个别的。

（14）而如果它是自为地行动，那么，这正是使那仅 [只才] 自在存在着
的东西变为现实。

（15）但是由于这个世界的元素首先只是思维，所以意识 [只才] 具有这
些思想，还并没思维它们，或者说，还不知道它们就是些思想。

（16）分裂了的意识之是纯粹意识的自身等同，[只才] 是就其自在（的
状态）而言的。

（17）让我们现在进一步再来看看，信仰在它的意识——上述的看法 [只
才] 涉及信仰意识一般——的不同环节中。

5 限定性副词的语篇连接功能考察

本章所说的连接功能是广义的,既包括把两个成分结合在一起的情况,也包括把一个较低层次的小的语言单位结合到一个较高层次的大的语言单位中去的情况,后者比如把一个小句结合到复句中,或把一个句子结合到篇章中的情形。副词的连接功能历来为研究者们所注意,但 20 世纪 90 年代以前,人们对此的认识往往局限于句法范围内,如 Chao(1968),Li &Thompson(1981),Chu(1983) 都注意到了副词在复句组合中的连接作用(屈承熹,1991)。自 20 世纪 90 年代以来,人们开始注意到在语篇的层面上考察副词的连接功能,如屈承熹(1991、1998),张谊生(1996)等。从已有研究来看,对于副词的语篇功能大致可以从两个方向来考察,一是从副词出发考察副词在语篇中的位置、独用与连用、连接功能的类型等(张谊生,1996),二是从语篇出发考察副词的表意功能,如屈承熹(1998、2006)等。我们这里采取第一种方向,从限定性副词出发,考察其在语篇中的连接功能。

我们之所以对限定性副词的连接功能进行单独考察,是注意到了现代汉语中一些连词与限定性副词之间关系密切,其中有两点表现尤为突出:其一是有的限定性副词与连词同形,如"就是""只是""不过"等既表限定,又表转折连接;其二是大多数限定性副词前加否定词"不 +"之后,即变为预递标记(即递进前项的连接词),如"不仅""不只"等等。本章先描写限定性副词在发挥连接功能时的位置和所表现出的功能类型,之后从演变的角度勾画一些限定性副词发展为转折连词的大致脉络,最后以"不但"类连词作为考察对象，通过对这类词成词理据（motivation）的发掘来揭示限定性副词与连词的密切联系。本章的探讨将表明，限定性副词与连词的这种密切联系并非偶然，而是有着深刻的概念和语义基础。

5.1　限定性副词在语篇连接中的位置

5.1.1　关于限定性副词在语篇连接中的位置，张谊生（1996）中有两点可以作为我们研究的起点。一是他在该文中"副词在篇章连接中的衔接方式"一节提出"句首与句中，就是指副词在篇章衔接过程中，究竟居于主语之前还是主语之后"。这可以看作是关于"副词在语篇中的位置"的界定。另外一点是他得出表"例外追加型"的副词（即唯一性范围副词）多能居于句首。根据我们对语料的调查，"多能居于句首"这个结论基本可以涵盖绝大多数限定性副词。正因为已经有了这样的研究，所以，我们感到对"是置于句首还是句中"再进行重复考察已经没有必要。

5.1.2　我们考察的是限定性副词的语篇连接功能，这势必涉及前、后句和前、后段落，因此，我们觉得考察该类词在发挥语篇连接作用时是居于前段/句还是后段/句，不失为位置考察的一个角度，因为后文我们将看到，限定性副词所处的语篇位置跟它所实现的连接功能具有相关性。为了行文简便，我们把居于前面段落或前面句子中的情况统称为居上文，把居于后面段落或后面句子中的情况统称为居下文。这里有一点需要说明，我们所谓的上文和下文，不局限于句与句之间，也包括是段与段之间，因此，在形式上可能不在一个句号的范围内。

下面是我们基于语料统计所得的结果：表 13 中左边一列中"上"指居上文，"下"指居下文，"+"表示有用例。

表 13　限定性副词在篇章连接中的位置

	不过	才	单	单单	单独	顶多	独	独独	刚	刚刚	光	光光	仅	仅仅	净	就	偏	偏偏	唯独	无非	只	至多	专	专门	最多
上		+	+			+		+	+	+	+	+	+	+	+	+						+	+	+	+
下	+		+				+	+	+	+		+	+	+	+	+	+	+	+	+	+	+			+

需要说明的是,这里所统计的并不是专门的语篇连接词,而是在一定条件下能够实现语篇衔接功能的限定性副词。因此,有些我们打"+"号词的连接功能可能不很明显。如"专"等,但在下面的句子中:

（1）他专挑瘦肉吃,肥的一点也不碰。（张本）

"专"与后面的"不"配合使用,使前后句之间的解释、说明关系更加明显。

5.1.3 从上面的调查中我们看到,很多限定性副词在语篇连接中既可居于上文,也可居于下文。但有一点是这个调查表没有反映出来的,即一个词居上文和居下文时所处的语言单位的层次有可能是不同的。我们以一个具有两个层次的语段为例来分析一下,这个语段的层次如下图 19 所示。

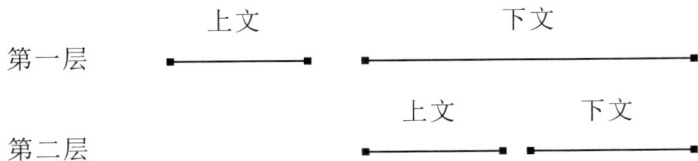

图 19　篇章层次与上下文示意图

在这个图示中,如果一个成分在第二层不管是否居于上文,在第一个层次都只能居于下文。如:

（2）他吃东西可挑剔了,专挑瘦肉吃,肥的一点也不碰。

在这个语段中,"专"在第二层次,与"不"配合,位置在"不"所在小句的前面,这是居上文。但是在第一层次中,"专"与"不"的配合只是为了说明"他吃东西挑剔"这个情况,此时它就只能位于主题句的后面,是居下文了。

5.1.4　按照这个标准,所有的限定性副词在有两个层次的语段中,在第一层次一般都居下文,这一点各限定副词的表现比较一致。也正是这一点,决定了它们具有连接的功能,因为所谓连接必涉及两个部分,一般只有居后一部分之首的成分才能承担起把前后两个部分连接起来的功能。而在第二个层次,则根据与其配合的成分的不同,或者居上文,或者可上可下,或者只居下文。

因为限定性副词在第一层次的位置有较高的一致性,下面只对它们处于第二层次的情况分别具体分析一下。同时附带说明它们在第一层次时所处位置。

5.1.4.1　先看限定性副词在第二层次居上文的情况。这种情况是指限定性副词在与其他词语配合使用时,总是处于那些词语所在小句前面的小句中。

第一,大多数限定性副词都可以与"就"配合使用,形成一种话题与说明的关系。此时,限定性副词在与"就"等构成的语段中总是居上文的。如:

（3）单是那把玩具手枪,他就能摆弄半天。

（4）仅游泳一项,就拿了五块金牌。

（5）光第一章,他就写了三个多月。

（6）才去澳洲一年多,她就变得很"澳洲"了。

但是,处在高一级的层次中,它们则只能居于下文。如:

（7）小孙子喜欢舞刀弄枪,|单是那把玩具手枪,||他就能摆弄半天。（张本）

（8）中国健儿参加这次亚运会,|仅游泳一项就拿了五块金牌。（张本）

（9）他论文的进展很慢,|光第一章,||他就写了三个多月。

（10）小萍是个适应环境特别快的女孩,|才去澳洲一年多,||她就变得很"澳洲"了。

实际上正是在这种情况下,"单"等发挥了将其所在的语句结合到一个更高层次的语言单位[①]之中的作用。

---

① 郭志良（1999）把类似例（6）、（7）、（8）的语言单位称为范围复句。

第二，前文我们说过，WF 在一定条件下是用来指出特例的（见 3.3.5.2 小节）。而人们在说出一段话语时，往往既要指出某种特殊情况（即特例），同时还要说出一般的或其他的情况，以达成信息传递的"足量"。一般要有"其他""其余"等表旁指的词语配合。此时，WF 多在指出一般或其他情况小句前面的小句中，如：

（11）这英雄光用刺刀就挑死 100 多鬼子，200 多伪军，其他用枪打死的数也数不清。

例句中的"光"就位于"其他"前面。

指出特例和其他情况，有时仍然不能满足"足量"的要求，这是由"光"这类 WF 的语义特点决定的，"特例"一定属于概括性更高的某一范围或情况。因此，当需要指出这个范围时，"光"又充当了把"特例"跟"其他"情况结合到这个概括性更高的范围或方面上的连接词角色，如：

（12）他是全国著名的战斗英雄……这英雄光用刺刀就挑死 100 多鬼子，200 多伪军，其他用枪打死的数也数不清。（王朔《看上去很美》）

在这个句子中，"光用刺刀就挑死 100 多鬼子"是作为"他是全国著名的战斗英雄"这一总体情况的一个"特例"被例举出来的，而"光"跟后面的"其他"配合，正是在既举出"特例"又补充"其他情况"的同时，把这两者"结合"到一个概括性更高的总体情况之中，即对"他是全国著名的战斗英雄"这一总体情况加以解释、说明。其他例子如：

（13）那是一片面积惊人的广场……，也不知建设者当时是怎么想的。依我看，这体现出一种单纯的思路，即把广场只做偶尔的庆典之用，而没有考虑它还可做其他用途。（石康《北京姑娘》）

这里也是"只"与"其他"配合，对总体的观点"这体现出一种单纯的思路"加以解释和说明。

5.1.4.2　再看可上可下的情况，这种情况发生在跟否定配合的情形之中。在我们调查的限定性副词与否定配合使用的情况中，既有先限定后否定的语序，也有先否定再限定的语序，如下面例句中。但如果我们把这个顺序颠倒一下，基本意思也没有改变。如：

（14）他专挑瘦肉吃，肥的一点也不碰。（张本）

　　→他肥的一点也不碰，专挑瘦肉吃。

（15）我从没把她和她身边的女孩子做过比较，压根没这么想过，似乎没把她划在人里，光当作养目的风景、美丽的器皿那类的眼中物。（王朔《看上去很美》）

→我似乎光把她当作养目的风景、美丽的器皿那类的眼中物，从没把她和她身边的女孩子做过比较，压根没这么想过，似乎没把她划在人里。

这种情况表明，在不考虑更大范围的篇章衔接的需要的情况下，在一个较低的层次中（即图19的第二层），否定与限定可以互为先后，而不影响信息的传达。

但并非所有的句子都可以这样颠倒，如下面改写后的句子把否定移到限定之前，虽然基本意思未变，但读起来语气上不太自然，这应该另有原因。如：

（16）每次王褒指使他去打酒，他就嘟嘟囔囔满心眼地不耐烦。是因为他与从前的男主人主仆甚洽；还是因为他有他的道德标准，以为书生的行为有伤风化不能苟同；抑或诚如他自己以为的，他的职责范围仅仅是看守寡妇丈夫的墓地而非替寡妇情人打酒？（王旭烽《茶人三部曲》）

→？……抑或诚如他自己以为的，他不能替寡妇情人打酒，他的职责范围仅仅是看守寡妇丈夫的墓地？

5.1.4.3 有些词在第二层次总是居下文。我们的调查中这样的词有"不过""偏（偏）""唯独"等。这些词在与其他成分（如肯定、否定等）配合共现时，总是在后面的小句中出现。而且一般不能把顺序颠倒过来。如：

（17）看得出来，摄影师、造型师、编辑都很专业。在他们眼中，对于时尚有一个很具体的概念。我按照他们的要求，摆出一个个我感到羞愤的造型，做出一个个我回想起来恨不得自杀的动作，做出一个个平常从来没有在我脸上出现过的表情。有时候扮酷，有时候扮骚，有时候扮高兴，现在想<u>不过</u>是出乖露丑而已。（石康《北京姑娘》）

（18）他妈失望地喊："我真不明白，这孩子不像我，<u>偏</u>去像那个不像样的爹！"（王旭烽《茶人三部曲》）

（19）我在一处墙角还特意站了半天，寻找空当，想趁人不注意不动声色行个方便，都没人看我了，<u>惟独</u>陈北燕还盯着我，眼睛一闪一闪，似乎猜出我的企图。（王朔《看上去很美》

这是因为这几个词在限定的同时，还兼表达一定的语气。而日常言语活动中,说话人着重想表达的东西往往放在最后才发出来。这应该是信息的线性增量原则在起作用。所谓线性增量原则是指:"说话的自然顺序要从旧信息说到新信息。随着句子推进,线性顺序靠后的成分比较靠前的成分提供更多的新信息。"(沈家煊 1998,方梅 2005)。在交谈中,不能不承认情绪也是一种信息,因为在某些情况下它恰恰是说话者要传达给对方的东西。那么承载这种情绪信息的语气词用在语段的后部,正符合线性增量原则。以上例中"偏"为例,"偏"作为限定性副词,其语法意义在于指出某种个别的情况,同时正因为这种个别,可使其携带一种意外、惊奇或失望、不满等语气。上例中"偏"正是传达了"他妈"对孩子和他爹的失望和不满。所以放在句子后部,如果像下面改写:

→? 他妈失望地喊:"我真不明白,这孩子偏去像那个不像样的爹,不像我!"

这种失望和不满的情绪就弱一些,如果像下面那样改写:

→他妈失望地喊:"我真不明白,这孩子像他那个不像样的爹,偏不像我!"

"偏"仍居下文,失望和不满的情绪仍然很强烈。

5.2 限定性副词在语篇连接中的功能类型

5.2.1 限定性副词在语篇连接中的功能类型主要有以下几种

5.2.1.1 标示话题

话题在篇章的连接中具有不可替代的作用。曹逢甫(1979)[①]指出,话题的篇章功能之一是对其后篇章的连接功能。而话题的连接功能主要体现在它要求后文采取各种方式对它自身加以回指,我们所讨论的限定性副词用在主

---

① 转引自屈承熹(2006)。

语前的一个重要作用就是用标示回指成分的方式把话题标示出来，如：

（20）方枪枪兴高采烈进了屋、刚迈进门坎儿便像被施了定身法傻在原地：李阿姨在桌后弯腰侧脸，一只左眼乜视着他。只这一眼，就把人群中的他单摘出来。（王朔《看上去很美》）

"这一眼"在第二句中是作为话题（旧信息）的回指成分出现的。其实这里的连接手段是"替代"（substitution，见 Halliday. M. K. & Hasan. R1976），也可以叫代词回指，即用"这一眼"（旧信息）替代上文的"一只左眼乜视着他"（新信息）。而"只"的主要连接功能就是与下文的"就"共现，把"方式（这一眼）"与"结果（把人群中的他单摘出来）"连接了起来。同时，"只"在这里还起到了对方式的唯一性的限制，并将其作为新的话题标示出来。能这样用的还有"光""单（单）""仅（仅）"等。如：

（21）为了使挖山有一个千年工程的美名，我一共为愚公一家按 20 岁一代人，设计了 50 代人，不计谇名、昵称等，光起这帮人的大名儿就用了我三天时间，尽管如此，我刚一开头写，便遇到了一些麻烦，……（石康《一塌糊涂》）

（22）他本人是资深的报刊经济版编辑主任，单这份工作，我看一月二万是打底的。（ccl）

（23）这套书全部用印度山羊皮装帧封面，仅这一项就用掉 3.4 万头山羊的皮。（ccl）

5.2.1.2　解释说明

据篇章学者研究，解说也是一种连接手段[1]，如下例：

（24）在我的理解里，能够致力于外部事物，能够忘我，那就是人世之幸福，而从自我内部产生的东西，至多也就能使人得到满足，而幸福，却应比满足更完善……（石康《在一起》）

上例中"至多"与后面的"而"配合使用，以比较的方式实现对某种观点的进一步解说，在语篇中起到了把话题部分和说明部分联系起来的作用。其实按照这种理解，凡是能够用在谓语前面的副词都有这种作用。只不过有的用的多些，有的少些。在限定性副词中，LF 倾向于作这种连接成分。如：

---

[1] 吴为章、田小琳（2000）称为"解证关系"。

（25）我们家楼里的电梯你见过，很小，是那种小得不能再小的电梯，最多可以站进五六个人，这么小空间，那个鬼要是在的话一定离我很近。（石康《支离破碎》）

（26）也许，我猜测，这引起人们关注的世界杯，不过是一个使人们从空虚中摆脱出来的小藉口。人们通过集体无意识，来证明他们彼此之间的荒唐联系，也就是，明明没什么联系，却硬是瞎联系。（石康《北京姑娘》）

这种把话题和说明直接联系起来的解说方式我们称之为直连型解说。

还有一种解说方式是张谊生（1996）所说的"例外型追加"，表示在同一组人、事、物当中，还存着与众不同甚至截然相反的例外。可以表示例外型追加的副词有：只、就、单、仅、光、单单、独、独独、仅仅、唯独、偏偏等。如：

（27）村子里曾热热闹闹地说那"少剑波"。过了些日子，也就淡了下来，依旧慢慢地熬那老日头。只五姨脸上怅怅，像有病似的，也从不跟人谈"少剑波"。（李佩甫《红蚂蚱绿蚂蚱》）

（28）被子自然是一条，要到学校里和同学通腿睡。口食自然是玉谷糁子，要交到学校伙房换饭票。独干粮是上品，妈妈蒸的面馍，蒸好后又切成片片，放在大铁锅里烤成黄干焦脆，……。（张宇《家丑》）

（29）我很着急，"老肥"和"元首"也很着急。惟独王滴有些幸灾乐祸，出出进进唱着"社会主义好"。（刘震云《新兵连》）（此三例为张谊生1996用例）

其实从张谊生对"例外型追加"的解释和上述例子看，这类副词在篇章中的作用正是"前文不论，惟举一事一理轻轻掉转者"（马建忠，1898），其用法已经接近转折连词了。邢福义（1986）把这样用的"偏偏"称为"反转词"，实际上就是转折连词。

5.2.1.3　转折

限定性副词在表示转折的同时，仍然保留着对后面部分的限定功能。这样用的词有很多，有的词后面要加一个"是"。如：

（30）我十分喜爱看书，拿着奥兹的《我的米海尔》看个没完，而且，看得津津有味，只是我看了两个小时，才看了不到20页，这太奇怪了。（石康《在一起》）

（31）这姑娘哪都挺出众，就（是）脾气大点。

32）吴有喜笑颜开地回答："不恨，恨什么呀。没有嘉乔的娘，哪有嘉乔，没有嘉乔，哪有我们今日的风光。你看一城的人，见了皇军都是鬼哭狼嚎一般地躲，单单我们吴家人，鞍前马后地皇军眼前凑，那是什么样的光彩？我们欢喜都欢喜不过来呢。"（王旭烽《茶人三部曲》）

这些例句中，由限定性副词所引导的小句表达的意义与前面语段所表达的意义相背，形成《马氏文通》所谓的"反正之句"（郭志良，1999）。

5.2.1.4 条件和结果

表条件的一般是"只有""只要"等，这类词已经完全虚化且凝固成词，在此我们不加讨论。

表结果是指一般表示对一种假设条件下会出现结果的最高估计。所以同样保留着限定功能。这样用的有"顶多""至多""最多""无非""不过"等。如：

（33）"你看看人家，跟你一边儿大，我认识他的时候，一起在公司里打工，开着跟你一样的捷达，还是分期付款的，现在已是八千万的身价了，保时捷就换了两辆，和媳妇离婚给了媳妇一千万，我要是跟你分手，顶多能得到几本你签名的书，……（石康《北京姑娘》）

（34）生了这种病，最多只有两年时间了。（张本）

（35）有一点我始终是可以看清的，就是那些与我一样的不明飞行物们，他们之中好的不过是给自己定了一套规则从而貌似飞得有理有据或是舒舒服服，差的也无非是跟着别人瞎飞一气或是累得要命……（石康《支离破碎》）

（36）就算打赢了这场官司，你至多也就得到个好名声。

（37）我的感觉是，与外地姑娘谈恋爱，好的时候，她们总有办法叫你真是恨不得为她们做些什么，不做就会觉得有点对不起她。但若是你在飘飘然时当真为她们做了些什么，那么分手后，却总会有种亏了的感觉袭上心头。当然，更倒霉的感觉还包括被坑了被骗了之类，最好的感觉也不过是，你觉得这个外地姑娘还行。（石康《北京姑娘》）

5.2.1.5 预递

所谓预递就是递进关系的前项。限定性副词不能独立实现这种功能，往往要通过对自身加以否定的方式来实现。我们前文（见2.3小节）的研究表明,多数 WF 都可以与否定词"不"共现,此时如果后面有"而且""还""都"等配合使用,那么它实现的就是预递功能(对此类现象,5.4小节将专门加以分析)。如:

（38）我坐在他身边,点燃一支烟,喝了一口杯子里的剩茶,我想起他讲的故事,我感到在他讲的时候,不只是我在侧耳细听,很多别的什么东西都在听,我感到茶壶里被泡烂的茶叶在听,我感到长安街没有熄灭的路灯在听,我感到夜色里的风在听,我感到有一个鬼在听,我感到北京所有披挂在树上的绿叶都在听,并随之翩翩起舞。（石康《支离破碎》）

这个例子很有代表性,其中的"只"可以根据不同的语境换成"光""单""仅""惟"等,仍然能够表现出同样的功能。可以说,通过对自身的否定而实现预递功能,是 WF 的一个比较鲜明的特点。

5.3　从限定到连接的动因和机制

上一节我们所列的限定性副词在语篇连接中所实现的功能,只是限定性副词在本身词性没有改变的情况下实现的,这是限定性副词实现连接功能的一个层次。限定性副词实现连接功能还有一个更高的层次是,有些限定性副词已经完成语法化的过程,直接变为连接词,比如"但"和"不过"。正如我们在本章开头所说的那样,这种联系不是偶然的,而是有着内在的语义基础的。下面我们从限定性副词变为转折连词和预递标记这两种现象中探索一下这种转变的动因和机制。

5.3.1　从限定到转折

5.3.1.1　"但""不过""只是""就是"几个词由限定性副词转变为转折连词的语义基础

5.3.1.1.1　但

"但(是)"在现代汉语中是一个纯粹的转折连词,但在古代则不完全是这样。现将商务印书馆《古代汉语虚词词典》对"但"的解释引述如下:

《说文》："但，裼也。从人，旦声。"本义为袒露。用作虚词，与本义无关，是假借义。《说文通训定声》："'但又发声之词。《说文》锴本：一曰徒。'《声类》：'但，徒也。'《汉书·高帝纪》注：'但，空也。'《陈胜传》注：'但者，急言之则如弟矣。'按与用徒、弟、特等字皆同。"作虚词用可作副词、连词。先秦用例较少，汉代后则较常见；后世一直沿用于文言中。

副词

用在动词之前，表示动作的限止范围。可译为"只""仅仅"等，如[1]：

（2）匈奴匿其壮士肥牛马，但见老弱及羸畜。（《史记·刘敬叔孙通列传》）

（3）我州但有断头将军，无有降将军也。（《三国志·蜀书·张飞传》）

用在动词前，表示动作行为徒然进行，可译为"白""白白地"等。如：

（1）民欲祭祀丧纪而无用者，钱府以所入工商之贡但赊之。（《汉书·食货志下》）

（2）诸侯王获罪京师，罪恶轻重，纵不伏诛，必蒙迁削贬黜之罪，未有但已者也。（《汉书·匈奴传上》）

用于动词前，表示无所顾忌地实施某一动作行为。常出现在表命令、祈使、敦促的句子中。可译为"只管""尽管"等。如：

（1）涉即往候，叩门。家哭，涉因入吊，问以丧事。家无所有，涉曰："但洁扫除沐浴，待涉。"（《汉书·原涉传》）

（2）坚曰："但却军，令得过，而我以铁骑数十万向水，逼而杀之。"（《晋书·谢玄传》）

连词

用于复句的后一分句之首，表示转折。可译为"只是""不过""但是"等。如：

（1）龙与孔穿会赵平原家。穿曰："素闻先生高谊，愿为弟子久，但不取先生以白马为非耳！请去此术，则穿请为弟子。"（《公孙龙子·迹府》）

---

① 此处所引例句及编号均依照原文。为节省篇幅，"但"作副词的每种用法只引两例。作为连词的用法，本文有不同看法，所有例句全部摘引。

（2）安与任隗举奏诸二千石，又它所连及贬秩免官者四十余人，窦氏大恨。但安、隗素行高，亦未有以害之。（《后汉书·袁安传》）

（3）公幹有逸气，但未道耳，至其五言诗，妙绝当时。（《三国志·魏书·吴质传》注引《魏略》）

（4）郡守录状，旻泣言："死即死矣。但孝先所言，终无验耳。"（《搜神记·费孝先》）

（5）既召，见而惜之，但名字已去，不欲中改，于是遂行。（《世说新语·贤媛》）

（6）古法采草药多用二月、八月，此殊未当。但二月草已芽，八月苗未枯，采掇者易辨识耳。（《梦溪笔谈·药议》）

邓云华、石毓智（2006）认为"但"作为副词的第三种用法"是它向转折连词发展的语义基础之一"。但除了找出英语中也有类似现象之外，没有进一步做出论证。我们看不出两者究竟有何联系。同时，邓、石二位先生认为《古代汉语虚词词典》中所列"但"的连词用法其实"都还是限止用法，表示只、仅仅、不过等"。对此我们基本同意。因为如上述例（1）、（3）、（4）、（6）句中"但"后都有一个相当于"罢了，而已"的"耳"字，"但……耳"搭配使用，一般表限止。但我们同时认为，上述"但"并非不可以看作转折连词。首先，一个词语法化的过程不是突变的，以"但"而论，不一定要在表限止结束后才变成转折连词。从该词典的解释及其所引文献的时间上看，"但"在很长一段时间内是既作限止副词又作转折连词的。其次是怎么看待转折，我们认为所谓转折至少可以从两点来说明。一是前后文在语义上有对立，二是前后文在语气上有变化。而这两点在上述例证中都有所反应。如例（4）中旻先说"死即死矣"意思是"死了无所谓"，接着说"但孝先所言，终无验耳"。这句话既可以译成"只是孝先说过的话，永远不会得到检验了"。也可以译作"但是孝先所说的话，永远不会得到检验了"。无论把"但"译作"只是"还是"但是"，都是说"死了并非无所谓"，前后的语义已经形成对立。再如，例（6）句中上句"古法采草药多用二月、八月，此殊未当"，意在对古人采草药的季节提出批评，下句"但二月草已芽，八月苗未枯，采掇者易辨识耳"是对古人之所以在二、八月采药做出解释，可以看作是话锋一转，批评的语气已经改变。

另外，从工具书中我们看不到"但"的发展历程，《古代汉语虚词词典》中认为"但"用作虚词，与本义无关。但从该书中提供的线索来看，"但"的虚词用法似乎并非"与本义无关"，我们可以大胆联系一下，从《说文》上看，"但"的本义是"袒露"。如果我们把"裸露"理解为"光着"，那就不难把它与后面解释的"徒""空""白"在语义上联系起来。事实上在现代汉语中，"徒""空"等词也有限定性副词的用法。如"这个合同徒对甲方有利"。从中可以得出"但"大致的发展线索：

袒露（动词或名词）→光、空等（形容词）→弟、特等（限止副词）→只是、但是等（限定副词、转折连词）→但是（转折连词）

这与其他限定性副词的发展大致相当，如"独"（仍从《说文》的解释出发）：

犬相得而斗也（动词或名词）→孤独、专一（形容词）→独有（限止副词）

再如"只"：

鸟一枚也[①]（名词）→孤单（如形单影只，形容词）→只（限止副词）

这样一来，"但"由限止副词发展为转折连词的决定因素应该是从它所属的限止副词（或者如我们所说的限定性副词）的类的特征上去寻找，而不是只从它的某一个义项上去找。（见下文）

5.3.1.1.2 不过

"不过"本来是否定词"不"修饰动词"过（超过）"，经常用来限定数量，但进一步虚化后变成可以限定数量、范围和程度了，正因为如此，在一些用法中已经不易区分它究竟是副词还是动词。如：

（39）他当县长的时候，不过三十多岁。（张本）

这里既含有"他"当时的实际年龄就是三十多岁这样具体的含义，同时又包含"往小里说"这样比较抽象的含义。我们把这种情况统一看作副词。

[①]《古代汉语虚词词典》认为"只"来源于语气词的"只"。《说文》："只，语已词也。从口，象气下引之形。"段注："宋人诗，用·'只'为'祇'字，但也，今人仍之。"我们提出"只"来源于"隻"的说法只是从语义上所作的推测，并未加以考证。

而变成转折连词,则是进一步虚化的结果。"不过"的发展历程如下:

不超过(动词)→限定数量、范围、程度等(副词)→限止语气(副词)→转折(连词)

"不过"表示转折,仍然要以"限止"为语义基础。《现代汉语八百词》归纳"不过"表示转折时有两个意思:

1. 补充修正上文的意思,如:

(40)他性子一向很急,不过现在好多了。

(41)这人很面熟,不过我一时想不起来是谁。

(42)老汪工作很积极,不过有时候比较主观。

2. 补充同上文对立的意思,如:

(43)试验失败了,不过他并不灰心。

(44)对于各种意见都要听,不过听了要做分析。

我们看来,在这两个意思中1是2的基础,即"不过"在向转折连词发展的过程中,1要先于2。1中各句由"不过"限定的小句是修正了前面小句所传达的内容,本来它只能限定后面的成分,但由于经常处于两个意义近乎相反的小句中间,因此,它与两个小句的关系也经过了重新分析(reanalysis)。表现为,"不过"跟后面的小句(它本来限定的成分)的关系已经有些松散。如读起来"不过"后面可以有停顿,如:

(45)他性子一向很急,不过,现在好多了。

(46)这人很面熟,不过,我一时想不起来是谁。

(47)老汪工作很积极,不过,有时候比较主观。

这样,当它不与语篇中某一个小句(通常是后句)有特别密切的关系时,那么,它与前后两个小句关系就趋向于等同。但它表"限止"的本义仍然要得到发挥,所以此时它是对前后两个小句同时加以限止,对后一小句限止的仍然是范围,而对前一小句限止的则是语气。如句中前一小句说到"很急""很面熟""很积极"时,"不过"一出现,就不能顺着原来的意思再往下说了,要说就只能说点不同的或相对立的。

5.3.1.1.3　只是、就是

这两个词表示转折同样要以限定为语义基础。因为在它们的语义中都有"在一定范围内指出例外"这一义项,而"例外"就是与众不同,所以,当它

们处于两个小句中间时,所连接的多是不同的意思。如:

(48)小赵各方面都很好,只是身体差一些。(八百词)

(49)这房子我们都挺满意的,就是觉得位置有点偏。

正是因为他们经常处在具有不同意思的语段中间,所以自然获得了转折的功能。

5.3.1.2 限定性副词向转折连词转化的动因和机制

这一点我们在上一节已经部分地谈到,这里简单总结一下。

从上一节的分析我们可以得出两点结论:

一、限定性副词本身所具有的语义特征是其向转折连词转化的语义基础。其中,WF 所具有"指出例外"语义,使它具有转变语气的功能;LF 所具有的"限止"义,使它在一定句法环境下同时具有了"限止"上文语气的功能,从而引出一个与上文意思不同的下文。这是转化的动因。

二、重新分析和类推是限定性副词向转折连词转化的机制。正如我们上一节分析"不过"向转折连词转化时所提出的那样。当一个限定性副词经常处于两个意思(包括语气)近乎相反的小句中间的位置时,它与前后两个小句的关系就会发生变化,表现为与后面它本来限制成分的(关系)松散及与前面成分的(关系)靠近。这就使它获得了同时限止上、下两个小句的功能,从而发展为转折连词。具体分析见前文(5.3.1.1.2 小节)。同时,之所以有这么多的限定性副词可以表示转折关系,我们认为是类推机制在起作用,这一小类词有着共同的语义特征,当它们经常处于相同的语言环境中时,自然会获得相似的功能。

既然限定性副词都可以有转变为转折连词的机会,为什么只有"但""不过""只是""就是"这四个词变为转折连词了呢?这是词汇发展中的阻断效应[①]作用的结果,即当词库中已有一个词承担了某种功能,那么,同样承担该功能的其他词的产生要受到阻碍。语言中的功能词不可能过多,有着完全相同功能的形式更不可能多,总之,这还是经济原则在起决定性的作用。这几个词之所以同时存在,是因为它们有着细微的差别,主要表现在语

---

① 关于阻断效应的介绍,详见董秀芳(2004)。

气强度上,呈现出下面一种排序:

但(是)》不过》只是、就是(口语)

详细的比较见吕叔湘(1984)。

邓云华、石毓智(2006)从英语中相似现象的对比中得出这种从限止到转折转变的现象是语言发展的一个共性。

5.3.2 从对限定的否定到预递

前文(2.3节)我们研究得出,在限定性副词只有唯一性范围副词(WF)可以自由地接受否定词的管辖和管辖否定词,因此,这里只谈从 WF 向预递转变的问题。WF 要实现预递功能光靠本身不行,必须先对自己进行否定,最主要的是与"不"配合。

5.3.2.1 加"不"的方式

主要有三种:

一是前面直接加"不",如"不单(单)""不仅(仅)""不光""不唯""不独"等。

二也是前加,但"不"和 WF 之间有其他成分,如能性助动词等,如:

(50)了解学生的动机必须采取多种途径,不能单单采取谈话、问卷的方式,还要根据学生的各种行动表现,综合考虑其动机水平。(王朔《看上去很美》)

三是后加,如:

(51)方枪枪也变本加厉:光看不行,还要摸一下,好多妖怪的尾巴是看不见的。(王朔《看上去很美》)

只有第一种方式才能使 WF 变为预递连词。

5.3.2.2 "不 +WF"构成预递连词的理据

为什么要与否定共现才能实现向预递连词的转变呢?这要从 WF 和"不"两个方面看。由于涉及问题较多,我们将在下一节专门探讨这个问题。

5.4 "不但"类连词的成词理据

我们要谈的是以下这类词：不单、不但、不独、不光、不仅、不唯 / 惟、不只等。先看这类词的特点。查《现代汉语词典》（第七版）：

不但：连词，用在表示递进的复句的上半句里，下半句通常与连词"而且、并且"或副词"也、还"等相呼应。如：

（52）不但以身作则，而且乐于助人。

其余几个词都有"不但"这个义项：

（53）她不单教孩子学习，还照顾他们的生活。

（54）植树造林不独有利于水土保持，而且还能提供木材。

（55）这里不光出煤，而且出铁。

（56）他们不仅提前完成了任务，而且还支援了兄弟单位。

（57）此举不惟无益，反而有害。

（58）不只生产发展了，生活也改善了。

同时，这类词在结构上也有一个明显的共同点，即都是由一个否定语素"不"和一个限定性语素构成的。我们要探讨的是这类在结构和功能上有着共同特点的连词构词的理据是什么。

5.4.1 "不"的连接功能

5.4.1.1 否定

否定是一个哲学、逻辑学和语言学的共同话题，对这一点已经有过很多论述。简单地说，否定是一种判断，属于人类基本的理性认识范畴。表现在逻辑上即为负命题，也就是对某一个命题加以否定的命题。表现在语言上，就是每种语言中都有否定范畴。不同的语言表示否定的形式可能多种多样，但大多数语言都有一个常用的否定词，在现代汉语中，最典型的否定词是"不"。因此，汉语中由否定范畴所表现出来的一些功能特点也往往是以"不"作为载体的。如本文论述的否定的连接功能即是由"不"来承担的。

汉语中表否定的形式还包括表否定语气的反问句和一部分疑问代词（关于疑问代词，5.4.4.3 节还要谈到）。

5.4.1.2　否定与标记

语言里在"肯定 / 否定"这对范畴中，否定是有标记项。对此，学者们有过很多介绍和论述。其中沈家煊（1999）从否定的意义和使用条件、分布、频率等方面论述了否定是有标记项。关于使用频率，沈文引用了吉逢（Givón1984）的统计，并说"汉语的情况没有统计过，估计跟英语不会有多少差别"。我们沿着这个思路，随机统计了朱自清的《经典常谈》（简称《经》）第一章和老舍《骆驼祥子》（简称《骆》）第一节两种语料，分别代表学术著作和小说。下面是统计结果（我们把沈文所引吉逢 1984 的统计结果也附在上面，以兹对照）。如表 14 所示。

表 14　"否定"的使用频率统计

书目　　　项目	否定句		所含句子（整句）总数	否定句（整句）所占百分比
	整句数	小句数		
《经》一	5	18	157	3.18%
《骆》一	13	32	137	9.48%
吉逢 Givón　学术论文				5%
吉逢 Givón　小说				12%

这个粗略的统计表明汉语的情况跟英语确实差别不大，否定句的使用频率远远低于肯定句。从而证明，在汉语中否定同样是有标记项。

5.4.1.3　否定与连接

5.4.1.3.1　我们要证明否定具有内在的连接功能。先看例句：

（59）鲁迅是绍兴人。

（60）鲁迅不是长春人。

（61）鲁迅怎么会是长春人。

（62）鲁迅是绍兴人吗？

在对话中，肯定陈述表达的信息是足量的，而否定句（包括表示否定的反问句）和疑问句所表示的信息是不足量的。但上述句子在对话中都可以正常使用，这是因为，如例（60）～（62）这样的非肯定句在违背了数量准则（Quantity maxim）①的同时，却适应了方式准则（Manner maxim）。即，当人们在会话中使用非肯定句的时候，必有相应的言外信息。也就是说，当人们说出一个否定句时，一定要有这样的语境：①或者是对方做出了一个与自己已有知识不同的肯定陈述，因此要加以否定；②或是对于一个已经发生的事件，人们的认识与说话者的知识相矛盾，说话者认为有必要加以澄清。无论是出于上述哪种语境，当说话者说出一个否定句之后，必有一个修正的信息，这个修正的信息在句子形式上可隐可显。如：

（63）鲁迅不是长春人（　　，而是绍兴人）。

（64）鲁迅怎么会是长春人（　？他是绍兴人）

当这个必有的修正信息在形式上出现时，原来的小句就成了复句的一个分句，此时，否定就充当了把所在小句结合到一个复句中去的功能，这就是我们所说否定的连接功能。所以说，是否定句表达信息的不足量性使之具有了内在的连接功能。为了更清楚地说明这一点，我们把否定表达式与含有典型连词的表达式做一个对照。如：

（65）鲁迅不但不是长春人，而且也不是东北人。

张宝林（1995）认为，"连词的基本特征有两点：一是必须出现于关联场合；二是可以用于主语前后或只能用于主语之前"。周刚（2002）认为，关联性的连接功能也有两个特点：粘附性和互联性。就是说，关联性连词所连接的语句不能单说，必须有后续语句或者先行语句呼应，而且这两个语句之间形成一定的句法语义关系。我们看例（65），这个句子中的两个小句在形式上是不能单说的，在意义上也是不自足的。对比看例（63），这个句子在意义上

---

① 关于格瑞斯（Grice）的合作四原则，本文参考何兆熊（2000）的介绍。

自足性同样很差，内在要求有后续句补足相关的信息，也就是说它同样对一个形式上可有、意义上必备的后续部分有较强的依赖性。我们说否定具有内在的连接功能就是在这个意义上说的。

5.4.1.3.2 "不"的连接功能考察

否定的连接功能有时也体现在显性的语言形式上，主要体现在"不"上。

5.4.1.3.2.1 常用搭配，汉语中存在大量"不……就……""不……不……"等固定搭配所构成的词、语、句。这种固定搭配相当于关联连词，其作用是把要谈的两部分联系起来，这本身就是一种连接。"不"与"就"的搭配表明的是一种选择关系，其连接意义不言自明。这里谈一下"不……不……"格式。如：

（66）喝酒吃饭。

（67）不喝酒不吃饭。

例（66）"喝酒"和"吃饭"两个行为是单纯的并列关系，而例（67）则既可以是并列关系，也可以表示一种条件关系，语句的意思可以理解为"如果不喝酒就不吃饭"。而条件句中"条件"和"行为（或结果）之间的关联，在语言形式上就表现为一种连接。这种连接功能是由"不"承担的。我们这样立论的时候，也想到了另一种可能性，即（67）的第二种理解，其中的连接功能是由省略了的"如果……就……"来承担的。我们认为，说一种功能由一个事实上没有出现的东西来承担，没有充分的证据[①]。

类似的情况不仅现代汉语中有，在汉语史上早就有。如：

（68）相曰："王自使人偿之。<u>不尔</u>，是王为恶而相为善也。"《汉书·田叔传》

（69）宁曰："飞兔分裂之祸，受更生之恩，逐之尚必不走，岂尚图亡哉？<u>若尔</u>，宁头当代入函。"《三国志·吴书·甘宁传》（此二例转引自杨伯峻、何乐士，

---

① 关于这里的语感，我们调查过一部分教师和学生，多数人认为下面句子 A 比 B 更自然：

A：他这人啊，不喝酒不吃饭。

B：他这人啊，如果不喝酒就不吃饭。

1992）

同样,例（69）中的"若尔"很正常,但如果把例（68）的"不尔"改成"若不尔",就会觉得很啰唆。

我们同样考虑到了另一个潜在的问题。说"喝酒吃饭"也不须补出"和"或"并且",为什么不说其中的连接关系由"喝酒""吃饭"来承担呢?我们认为,首先,汉语的并列结构本来可以不依靠连接词,只要把结构功能相同、语义相类的两项并列在一起就完全可以表达并列关系;其次,由实词来承担虚词的功能会受限制,而"不"本来就是功能词,它来承担虚词的语法功能应该是很正常的。因此,我们认为,例（67）和（68）中的"如果""若"等在实际话语中是不会出现的,其连接功能已由"不"承担下来。

5.4.1.3.2.2 "不"在近代汉语中确实作为连词出现过。周刚（2002）研究表明,在《儿女英雄传》中,"不"当"不么、不然、不则"讲,作表条件的连词用。例如:

（70）那姑娘是七岁上就裹的脚,不怎么那一双好小脚儿呢。

（71）是这么着,我就住些日子,不我可就不敢从命了。

（72）便是那极安静的,也脱不了旗人的习气,喊几句高腔,不就对面墙上贴几个灯虎儿等人来打。 （均引自周刚2002的用例）

"不"的这种用法并非所谓的"唱罢即成历史陈迹"。因为只要"不"有"不然"等语义,就可以有这种用法,如上举例（67）。普通话日常口语中也常有这样的用法。再如吕叔湘先生（1985）也提到过类似的情况:"不"等于"要不是"或"要不"。举的例子是:

（73）不为的这个,我早已远走高飞了。

（74）你不说我还不知道有这么多讲究呢。

语言事实告诉我们,"不"具有连接的功能。

5.4.2 限定性副词的连接功能

5.4.2.1 限定性副词的表意实质

对于 XF 的语法意义大多数认为是限定（或限制）范围的,如丁声树等（1961）、朱德熙（1982）、杨荣祥（2000）、张谊生（2001）、张亚军（2002）等。也有很多学者着眼于"数量"特征来界定范围副词。就我们所谈的 XF 而言,前辈学者杨树达（1920）以"表数之约"来命名,当代学者马真（1981）把这类词叫作"言少"类,我们认为,这两种说法虽然是从意义出发,看似朴素,却提示了这类词在表意上的本质:即"小量"。

5.4.2.2　限定与标记

在同一概念意义上,"小量"相对于"大量"而言是有标记的,这种说法很多学者做出过论证,如石毓智（1992、2001）,沈家煊（1999）等,但目前来看,这些论证主要限于名、动、形三类主要实词。而对副词等其他词类还少有涉及。在此,我们试着依照学者们已经证明有效的方法来论证一下,这种说法是否同样适用于副词中的限定 / 总括范畴。按照沈家煊（1999）的归纳,判定有标记项和无标记项有六条标准:组合标准、聚合标准、分布标准、频率标准、意义标准,历时标准。这六条标准是站在跨语言的立场上总结出来的,并且特别指出:"对于像汉语这样缺乏形态的语言,分布标准和频率标准就显得格外重要。"并在书中成功利用了这两条标准对主动语态和被动语态、形容词"长""宽""高"和"短""低""窄"的有无标记性进行了论证。现在我们也应用这两条标准来论证一下"仅"类限定副词相对于"都"类总括副词是有标记项的。

5.4.2.2.1　分布标准

先看下面例句:

（75）这次开会都哪些人参加了?

　　*这次开会仅 / 只 / 单 / 光 / 独 / 惟哪些人参加了?

（76）今年你们县粮食产量总共有多少万吨?

　　*今年你们县粮食产量仅 / 只 / 单 / 光 / 独 / 惟有多少万吨?

这两个例句证明了总括类和限制类分布的不同。按照分布标准,句法中无标记项可以出现的句法环境比有标记项的多,至少也一样多。上举问句是一个大 / 小量对立消失的中和句,即问者主观上并没有先设所问的数量是多还是少。可是在这样的"中和位置"上,总括类副词出现非常自由,而限定类副词的出现则要受限制。即使问者主观上已经认定所问及的数量很少,使用限制类副词也很不自然。如:

（77）（还说你们是产粮大县,）你看看今年你们县的粮食产量仅 / 只 / 单 / 光 / 独 / 惟有多少万吨?

有意思的是,在这种情况下,即使把后面表示疑问的"多少万"换成"几",仍然是用总括类副词的句子更自然。如:

(78)(还说你们是产粮大县,)你看看今年你们县粮食产量总共有几吨?

再看下面句子:

(79)……茶客若干人,都是男的。　　　　　　　(老舍《茶馆》)

(80)屋子非常高大,摆着长桌与方桌,长凳与小凳,都是茶座儿。(同上)

(81)看到那清凉的河水,俺都想一头扎下去。(网络《中国乞丐调查》)

在这几个例子中,副词"都"的语法意义是"排除其他情况(或想法)",在这个意义上前两个例子中"都"可以换成"光";在最后一个例子中,"都"也可以换成"只",但听起来还是使用"都"更自然。这两种情况说明,在既可用"总括"又可用"限定"的中和位置,人们更倾向使用表"大(全)量"的总括类副词。

5.4.2.2.2　频率标准

按照沈家煊(1999)研究,频率标准是指无标记项的使用频率比有标记项高,至少也一样高。为了验证这一标准,我们做了语料调查。考虑到语料的平衡性,我们选择了小说、话剧、法律条文、调查报告进行统计。总括副词以"都"为例。统计结果如表15所示。

表 15　限定性副词与"都"在不同语体文本中的使用频率统计

词类 书目	限定副词							总括
	单	但	独	光	仅	唯/惟	只	都
《看上去很美》	6	0	1	29	2	0	186	918
《茶馆》	1	0	0	4	1	0	8	104
《中华人民共和国香港特别行政区基本法》	0	0	0	0	0	0	2	0
《中华人民共和国物权法》	0	0	0	0	0	0	0	0
《中国乞丐调查》	0	0	0	22	21	0	130	565

从这个调查表可以看出,在同一文本中,表总括的"都"的出现频率远远高于表限定的几个词的总和。这就证明了表"小量"义的 XF 的有标记性。同时我们从副词这个侧面也验证了所谓频率标准。

5.4.2.3　限定与连接①

我们所论的 XF 在句法位置上既可以出现在句首,也可以出现在句中。在这两种位置上,它们都具有内在的连接功能。

5.4.2.3.1　先看 XF 在句首时的情形。我们知道,在篇章中,句首成分承上启下,自然具有衔接句、段的功能。而我们所谈的 XF 其中的一部分,当处在句首位置时还有一种特殊的功能:标示话题(详见 5.2.1.1)。如:

(82)单<u>一件羊毛衫</u>就花了三百多元。

(83)光<u>孩子的学习</u>问题就够你操心的了。

(84)仅<u>鱼塘收入</u>就有十万元。

(85)只<u>今天上午</u>就有三百多人报名。(此 4 例来自张本,略有改动)

而话题的一个重要功能是维系篇章的衔接与连贯。因此我们说处在句首的 XF 通过标示话题,间接具有了维系篇章的衔接与连贯的功能。

5.4.2.3.2　XF 在句中时,具有内在的连接功能

XF 在句中时表现出的连接功能,主要分以下两种情况:

一是多数能构成"只……就……"和"只……不……"这样的固定格式。这种固定格式的作用是把要谈的两部分联系起来,这本身可以看作是一种连接。这样的例子很多,这里不再多举。

二是当这类词不处在这两种固定格式中,即单用时,也同样显示出具有内在的连接功能。如:

(86)我单知道蔬菜必须栽种在土壤中。

(87)观众听了,但觉得铿锵悦耳。

(88)这次考试独语文 95 分。

---

① 早有学者把部分限定副词看作连词,见《马氏文通》(1983):"又有'第''但''独''特''惟'五字,皆转语词(即转折连词)。五字意虽各别,而前文不论,惟举一事一理轻轻掉转者则皆同。"但王力先生认为只有"但"虚化成了连词,而且是在很晚(《红楼梦》)的时候。见王力(1989)。

（89）见了面她光会哭。

（90）昨天的会议仅讨论了工资问题。

（91）园子里唯腊梅正含苞待放。

（92）东北地区只出产这种大米。

初读这些句子，总给人意犹未尽的感觉。从人在交流中对信息量的要求来讲，这些句子虽然是肯定句，但所含信息也是不足量的。因为这些句子只是肯定了某一集合中的个体，而对其他情况未予交代。当言者说出一句话，只是肯定了人们所关心的一定范围的一个个体时，听者可能要问其余的情况怎么样。因此，凡是说出这样的一个肯定句时，往往暗含一个话未说完的意味。其实，在真实的文本中，上述句子都有一个后续小句。如：

（93）我单知道蔬菜必须栽种在土壤中，不知道无土也能种植蔬菜。

（94）观众听了，但觉得铿锵悦耳，而无拿腔使调、矫揉造作之感。

（95）这次考试独语文 95 分，其余科目均满分。

（96）见了面她光会哭，一句话也说不出来。

（97）昨天的会议仅讨论了工资问题，没有涉及别的方面。

（98）园子里唯腊梅正含苞待放，别的花都看不到了。

（99）东北地区只出产这种大米，不会有你说的那种。

我们认为，言语中后续小句的出现，是由 XF 内在的表义特征所引起的，因此我们说该类词具有内在的连接功能。

5.4.3　关联标记模式与"不但"类连词的形成机制

5.4.3.1　所谓关联标记模式[①]，是指把不同范畴联系起来建立两个或多个范畴之间的关联。其主要观点是：两个或多个无标记项自然构成一个无标记组配；两个或多个有标记项也自然构成一个无标记组配。大致可表示如下：

无标记组配	无标记组配
无标记项	有标记项
无标记项	有标记项

---

① 见沈家煊（1999）。

而当无标记项和有标记项配对时就构成有标记的组配。

5.4.3.2 "不但"类连词的形成机制。我们所考查的内容就涉及了"肯定/否定"和"总括/限定"两个范畴。也可以依此建立如下的关联模式：

肯定/否定范畴	肯定	否定
总括/限定范畴	＋总括	＋限定
	无标记组配	无标记组配

如果这种标记模式成立的话，我们就可以自然得出："否定＋限定"是一对无标记组配。也就是说，由"不"和 XF 构成的组合是无标记的。而无标记的就具有使用频率高、分布范围广等一系列"优势"，这就为它们最终凝结成词提供了条件[①]。

5.4.3.3 这个模式也解释了"不"与"都"类表总括的词未能凝结成词的原因，因为"否定"与"总括"是有标记的组配，不具备结合的优势。同样，肯定与限定也是有标记组配，所以如例（82）～（92）中的语义表达是不自足的，内在地需要把相关的信息补足。

5.4.4 历时考察

从历时上看，"不＋'仅'类副词"组合成连词很早就产生了。至于每个组合产生时间的先后等问题，需要专门探讨。目前只能利用已有的成果谈一下与本文相关的问题。

5.4.4.1 "不但"类连词的产生

从历时上看，"不但"类连词的成词一定经历了一个重新分析的过程。即"不"和"但"本来不处在一个句法层次上，但由于长期相邻使用，慢慢凝结在一起。这个过程中必定经过如下的转换：

不＋[XF 及其所限制的成分]→[不 XF]+XF 原限定成分

---

① 当然，如果我们放弃使用"标记模式"这样的说法，否定与限定的亲和现象，还可以单纯从"量"上来加以解释。叶斯泊森（Otto Jesperson）（转引自石毓智 1992）发现人类语言中否定词的含义都是"少于，不及（less than）"。从"量"的意义上说，"少于""不及"与"限制"是相通的。而意义上的相通也是形式上的亲和的一个动因。

例如：

（100）文王造之而未遂，武王遂之而未成，周公量抱少主而成之，故曰成王，不［唯以身下士耶］？　　　　　　　　（《吕氏春秋·慎大览》）

（101）墨子曰：“［不唯］越王不知翟之意，虽子亦不知翟之意。”（《吕氏春秋·离俗览》）

（102）子曰：“……故人不［独亲其亲]，不［独子其子]……”（《礼记·礼运》）

（103）凡法术之难行也，［不独］万乘，千乘亦然。（《韩非子·孤愤第十一》）

（104）“可骇哉！可骇哉！卿不及天师详问之，不［但知是]。”　　（《太平经》）

（105）［不但］天爱之也，四时五行、日月星辰皆善之，更照之，使不逢邪也。（《太平经》）①

吕叔湘先生（1985）指出否定词否定的是其“以后的全部词语”。从以上例子可以看出，伴随着“不但”类连词语法化的历程，“不”的否定辖域经历了一个从大到小的过程，并且在这个过程中，“否定”义逐渐弱化，“连接”功能逐渐增强。

5.4.4.2 “不但”占优势的可能原因

在现代汉语中，“不但”类词里面只有“不但”是一个典型的连词，其他各词除连词功能外还有其他功能。根据已有的研究成果，先于或跟“不但”同时产生的连词当有“不仅、不惟、不啻、不独、不直、不徒、不特”等。后来“不但”占了优势。原因可能有以下几种：一是在这几个词中，根据王力（1954）的研究证明，只有“但”在清代以后虚化为真正意义上的连词，而其他词都没有虚化为连词。因果溯源，可以推知“但”与“不”的结合应该是最合适的。所以，“不但”产生以后，一些先产生的此类连词有的就消失了，

---

① 我们的发现与周刚（2002）关于连词“不但”最早出现于魏晋时期的说法不同。吴福祥（1996）也说六朝文献里“不但”少见。我们的调查发现作为连词的“不但”至晚到东汉已经出现，证据是例句中“不但”后面有“亦”“皆”“更”等与之搭配使用。不过也很少见。

而活下来的由于产生年代久远,也一直在文人作品中使用。而对后来产生的"不单、不光"等,它也形成了一种阻断效应,即当词库中已有一个词承担了某种功能,那么,同时承担该功能的其他词的产生要受到阻碍。因此,后来的"不光""不单"等都还没有"不但"那样完全的语法化。

5.4.4.3 "疑问 + 限定"没有成词的可能原因

前文(5.4.1.1)说过,汉语中疑问词也是否定的一种形式。也有论者认为,疑问和否定是相通的,也就是说,"疑问词 + 限定词"也是一种无标记组配。汉语史上,也出现过"岂但""何止"等类似连词的词语,但为什么在现代汉语中不再使用了呢?我们认为,除了上文说的阻断效应之外,还有一个就是韵律的原因。因为像"岂""何"这类所谓"疑词"已经被双音词"难道""哪里"等代替,而代替他们的这些词本身是双音词,再加上一个限定词,就成了三音词了,不符合构词双音化这个大的趋势,因此没有成为一种能产的词法模式。

5.4.5　跨语言的考察

"否定 + 限定"是一对无标记组配,因而构成具有连接功能的词语,表示递进的开始,这并非汉语所独有,而是人类语言的共性之一。这一点为跨语言的调查所证实。表 16 是我们调查其他语言中的事实[①],具体例句见本章末附录。

表 16　部分语言中"否定 + 限定"组配

国家及语言	否定语素	限定语素	所组成的连词
英国 English	not	only	not only
法国 French	non	seulement	non seulement

[①] 限于条件,我们只调查了吉林大学国际语言学院 2006—2007 级部分留学生,并查阅、参考了相关的工具书,同时尽量请教了精通某种被调查语言的专家学者。

续表

国家及语言	否定语素	限定语素	所组成的连词
奥地利 Germany	nicht	nur	nicht nur
匈牙利 Hungarian	nem	csak	nem csak
俄罗斯 Russion	не	только	не только
荷兰 Dutch	niet	alleen	niet alleen
日语 Japanese	ない	だけで	だけでない
朝鲜 Korean	아니라	뿐만	뿐만 아니라
也门 Arabic	Laisa	Fakat	Laisa Fakat
马达加斯加 Malagasy	Tsy	fotsiny	Tsy fotsiny
巴基斯坦 Urdu	na	serf	Na Serf
菲律宾 Tagalog	hindi	lang	hindi lang
蒙古 Mongolian	vгvй	төдий	төдийгvй

我们的调查带有很大的随机性,所调查的语言类型也不全面,但就世界语言来说,这种随机的调查也许更有价值。从中我们可以看到,不同语言虽然语法化的程度不一样,如在多数语言中,"否定＋限定"还是短语,在少数语言中则已经成词(如日语、朝鲜语、蒙古语),但在"否定＋限定"构成具有连接功能的一类词语上,具有相当高度的一致性。

5.5　本章小结

　　本章着重探讨了限定性副词的连接功能，结论是：①这类副词本身的语义特征和经常所处位置（包括所处语段中上、下文的位置及共现成分如"不""就"等的配合）决定了他们具有标示话题、解释说明、转折、条件结果、预递等连接功能。②"否定＋限定"是一种无标记组配，这一点有来自历时和跨语言调查的证据，正是这种无标记组配促成了汉语中"不但"类连词的生成。本文的探讨从一个侧面说明了关系较近的词类之间可能存在着由语义基础和分布环境所决定的转化关系。

附录：所调查语言例句及汉译

英语　He speaks not only English but also French.

English （他不单说英语，还说法语。）

法语　J'ai invité non seulement Durand, mais aussi son père.

French （我不仅邀请了迪朗，也邀请了他父亲。）

德语　Er spricht nicht nur Englisch sondern auch Französisch.

Germany （他不仅说英语，也说法语。）

俄语　ОН не только МОЖЕТ КУПЧТЬ КВАРТЧРУ，ЕЩЕ МОЖЕТ КУПЧТЬ МАШЧНУ

Russion （他不但可以买房子，还可以买汽车。）

匈牙利语　Ő nem csak nagyon szép, de nagyon okos is.

Hungarian （她不仅很漂亮，而且很聪明。）

荷兰语　De Nederlandse taal heeft niet alleen "A" nodig, maar (heeft) ook 'B' (nodig).

Dutch　（荷兰语不只需要"A"，也需要"B"。）

日语　最近の日本の子供は . 親の言うことだけでなく . 教師の言うことも聞かない。

Japanese （最近日本的孩子不但不听父母的话，而且也不听教师的话。）

朝鲜语　이 음식점의 음식은 맛있을 뿐만 아니라 가격도 매우 저렴하다 .

Korean　（这家饭店的菜不仅好吃，价格也很便宜。）

阿拉伯语　hua Laisa Fakat sadiki elawat Ala thalek Fahua moalimi

Arabic　（他不仅是我的朋友，也是我的老师。）

马达加斯加　Tsy -mihira fotsiny –no fantany, fa mahay manao sary koa izy.

Malagsy　（他不仅会唱歌，还会画画。）

巴基斯坦　Us Ki Na Serf Ankhain Theek Nahin Hain Bulkay Yaddasht

Bhi Khrab Hay

Urdu　（他不但眼睛不好，而且记性也不可靠。）

菲律宾语　Hindi lang siya marunong mag Ingles, ako din marunong.

Tagalog　（不仅他会讲英语，我也会讲啊。）

蒙古语　Тэр монголоор ярьж чаддаг төдийгүй бас хятадаар ярьж чаддаг.

Mongolian　（他不但会说蒙古语，还会说汉语。）

6　总结

　　本文从多种角度对现代汉语限定性副词进行了系统性的详尽描写,并综合运用现代语言学理论对这一类词所独有的一些句法、篇章表现做出解释。主要做了以下几方面工作。

6.1　揭示了限定性副词的语义基础

　　首先明确了"限定"在语言学理论中的不同内涵,提出我们所谓的"限定"是一种由限定性副词承担的语法意义。

　　在此基础上明确我们所讨论的限定性副词专指其语法意义是限定所修饰对象的数量或范围的一小类副词,这一小类副词共同的语义特征我们概括为 [+ 限定上限]。

6.2 描写和解释了限定性副词的一系列问题

一是从该类词所具有的语义特征出发,以具体的句法槽(slot)为形式依据,把限定副词(XF)进一步划分为数量限定性副词(LF)和唯一性范围限定副词(WF)两个次类。接下来从语义指向、否定、"+是"和"+有"几个方面对限定副词进行分析讨论,得出结论认为 LF 和 WF 在这几方面都呈现出较为系统性的差异。具体表现为:①在语义指向上,WF 一般具有后指、单指、指实和不单独指向数量成分的特点,而 LF 则具有双指、多指、既指实又指虚、优先指向数量成分的特点。②在与否定词共现上,WF 与"不"和"没"的共现比较自由,但当 WF 与其所限定的成分处在主语位置时不能接受"没"的否定。LF 不接受"不"的否定,一般也不接受"没"的否定,但可以有限制地限定"不"和"没"。③在后加"是"和"有"时,WF 倾向于后加"是",且在常见搭配时以不省略"是"的用法比较自然。而 LF 后加"有"时,则一般以省略"有"的用法比较自然。

二是分别就 LF 和 WF 两个次类进行考察。认为 LF 和 WF 各自内部成员之间在语义、句法、语用方面仍有差异。然后分别考察了限定性副词与名词直接组合和限定性副词的重叠两个问题。关于前者,我们认为能够进入"限定性副词 + 名"结构中的"名"应该有顺序义、类别义的语义基础,同时认为 LF 和 WF 对名词也有不同选择。对于后者,我们认为限定性副词可以重叠,重叠式和基式相比,主要在语用价值上有明显区别,而在语音、语义和句法上区别不大。

三是对限定性副词内部的连用问题进行了集中讨论。首先我们承认在真实的语料中存在着的这种现象是既不违背语法,也不是很少见的个别现象。然后我们通过语料调查,把限定性副词内部连用时的语序归纳为两条规则:规则一是双音节居前,规则二是 LF 居前。并从韵律和语义指向两个方面分别对造成这种语序的力量给予揭示。最后以"才 + 只"连用时的语序为个例对造成该语序的语义上的原因进行剖析。本节主要结论为,支配规则一的是汉语自然音步的实现方向,即"右向音步"使汉语音步中"2+1"的格式成为合法格式,而"1+2"格式则受语篇中其他因素的影响,如共现的成分、言者的表意重心等,都可以改变原有的格式规则。说明汉语语序是由韵律、篇章、语用等综合因素决定的。支配规则二的主要原因是汉语中语义指向源和指向标的之间无障碍的原则。最后我们把这两种背后的力量归结为语言使用中的省力原则。

四是探讨了限定性副词的连接功能。提出,限定性副词本身的语义特征和经常所处位置(包括所处语段中上、下文的位置及与共现成分如"不""就"等的配合)决定了他们具有标示话题、解释说明、转折、条件结果、预递等连接功能。

6.3　本文的几点创新

本文的研究是在前辈和当代研究者的开创性研究基础之上进行的。在继承了他们建立的研究框架、观察角度、分析方法和理论原则的同时,在以下几方面作了点滴尝试。

一是首次尝试把限定性副词作为整体进行专题研究。许多前辈学者指出过,汉语语法的事实到目前为止并没有完全描写清楚,要做的工作还很多。在这种情况下,对词类或词类的次范畴进行描写和研究对语法研究无疑是有意义的。正是认识到这一点,近年来涌现出很多以汉语词类、次类为题的研究成果。就副词而言,由于内部分类的标准尚未取得一致的意见(也许这种力求一致的想法本身就是不现实的),因此人们研究的范围会有不同。我们采取语义标准,在已有分类中采用杨荣祥(1999)的分类和类名,对限定性副词这一次类进行专门描述。

二是在限定性副词的研究中,注意并着力探讨了共现次序和连接功能两个方面,尤其是对 WF 与否定词"不"共现造成的连接成分的关注,是我们在独立观察、自主思考基础上所涉及的一个较新领域。

三是大胆借鉴和利用现代语言学理论与方法解析限定性副词的一些特

有现象。如我们在分析限定性副词内部共现连用的次序时使用了韵律句法学和优选论的一些理论和操作方法；在研究"不但"类连词的成词理据时采用了标记理论等。无论是韵律句法学还是优选论、标记理论，同许多其他现代语言学理论一样，多是从国外借鉴来的。就句法理论而言，一般在现代汉语中多在实词（如用"标记"理论对名、动、形中不对称现象的解释）或典型句式（如移位理论对"把字句""被字句"的研究等）中加以检验和发挥。很少在虚词（至少是副词）中加以运用。我们这样做既是出于理论上贫乏的无奈，同时，也可以说是一种积极的尝试。当然，对待理论要冷静（王红旗 2006 南开大学讲习班语）。但不可以不尝试，我们把借鉴理论、运用理论、修订理论直至创建理论当作我们从事语言研究的目标之一。当然，也正因为我们只是做一尝试，所以其结果还有待于进一步的验证。

6.4　本文未能涉及之处

主要表现在以下几个方面：

一是由于理论准备不足，除了我们已经做的尝试尚待检验之外，我们还无法就这二十几个词的限制强度进行有效的测量进而给出一个限制度由高到低的排序。另外，有些现象是汉语独有的还是语言的共性，我们还无法做出判断。

二是缺乏与历时研究的充分衔接。某些副词共时上的表现往往需要从历史上寻求解释，如某些词出现时间的先后可能影响到它们适用语体的差异，再如一些限定性副词可以直接后接名词是否与其最初来源有关，再如"唯/惟"定型等等问题。对此我们还未能去做更深入地探究。

三是缺乏应用方面的探讨。主要是对如何把我们所做分析具体应用于语言教学或测试上还需要进一步研究和探索。

此外，由于条件的限制，我们掌握的材料不很全面，因此，在引用先贤与时彦的成果时会有疏漏，甚至误读误解之处，也只好留待日后逐步完善了，对此还请各位方家多多批评指正。

参考文献

[1] 白丁 . 副词连用分析 [J]. 中南民族学院学报，1986（3）：55-61+53.

[2] 白梅丽 . 现代汉语中"就"和"才"的语义分析 [J]. 中国语文，1987（5）：390-398.

[3] 北京大学中文系 1955/1957 级语言班 . 现代汉语虚词例释 [M]. 北京：商务印书馆，1982.

[4] 陈立民 . 也说"就"和"才"[J]. 当代语言学，2005（1）：16-34+93.

[5] 陈伟琳 . 限定副词"只"、"仅"的句法分布及语义制约辨微 [J]. 信阳师范学院学报（哲学社会科学版），1996（4）：90-94.

[6] 陈伟琳 . 限定副词"只"、"就"语义指向辨析 [J]. 信阳师范学院学报（哲学社会科学版），1998（4）：78-81.

[7] 陈伟琳 ."只是"与"只＋是"的用法及分野 [J]. 信阳师范学院学报（哲学社会科学版），2001（4）：78-81.

[8] 陈伟琳，贾齐华 ."只"的句法功能和语义指向考察 [J]. 信阳师范学院学报（哲学社会科学版），1993（3）：95-100.

[9] 陈小荷 . 主观量问题初探 [J]. 世界汉语教学，1994（4）：18-24.

[10] 崔四行 . 三音节结构中副词、形容词、名词作状语研究 [D]. 北京：北京语言大学，2009.

[11] 崔四行 . 三音节状中结构中韵律与句法的互动研究 [M]. 北京：中国

社会科学出版社，2012.

[12] 戴维·克里斯特尔. 现代语言学词典 [M]. 沈家煊译本,北京:商务印书馆，2000.

[13] 邓云华,等. 从限止到转折的历程 [J]. 语言教学与研究，2006（3）：12-18.

[14] 丁声树,等. 现代汉语语法讲话 [M]. 北京:商务印书馆，1961.

[15] 董秀芳. "不"与所修饰的中心词的黏合现象 [J]. 当代语言学，2003（1）12-24+93.

[16] 董秀芳. 汉语的词库与词法 [M]. 北京:北京大学出版社，2004.

[17] 董秀芳. 词汇化,汉语双音词的衍生和发展（修订本）[M]. 北京：商务印书馆，2011.

[18] 端木三. 重音理论和汉语的词长选择 [J]. 中国语文，1999（4）：246-254.

[19] 段玉裁. 说文解字注 [Z]. 中州古籍出版社，2006 年 10 月第 1 版.

[20] 冯丽颖. 否定的功能,篇章与语境 [J]. 四外语学院学报，2006（1）：77-80+90.

[21] 冯胜利. 汉语的韵律、词法与句法 [M]. 北京：北京大学出版社，1997.

[22] 冯胜利. 汉语韵律句法学 [M]. 上海:上海教育出版社，2000.

[23] 冯胜利. 汉语韵律句法学（增订本）[M]. 北京:商务印书馆，2013.

[24] 古川裕. 副词修饰"是"字情况考察 [J]. 中国语文，1989（1）：19-31.

[25] 郭翼舟. 副词连词介词 [M]. 上海:上海教育出版社，1984.

[26] 郭志良. 现代汉语转折词语研究 [M]. 北京:北京语言文化大学出版社，1999.

[27] 韩荔华. 口语、书面语再谈 [J]. 北京第二外国语学院学报,1994(5)：61-65.

[28] 何兆熊. 新编语用学概要 [M]. 上海:上海外语教育出版社，2000.

[29] 胡明扬. 词类问题考察 [M]. 北京:北京语言学院出版社，1996.

[30] 胡清国. 否定观念和否定范畴 [J]. 赣南师范学院学报，2006（2）：

38-42.

[31] 华玉明 . 汉语重叠理据（一）——重叠动因 [J]. 邵阳学院学报（社会科学），2002（1）：113-115.

[32] 华玉明 . 汉语重叠理据（二）——重叠的制约因素 [J]. 邵阳学院学报（社会科学），2002（3）：54-59.

[33] 黄伯荣 . 形容词副词的界限 [J]. 语文学习，1956（7）：29-31.

[34] 黄河 . 常用副词共现时的次序 [C]. 见严家炎等编缀玉集,北京：北京大学出版社，1990.

[35] 贾齐华 . 限定副词"就"的语义指向及语句的语义蕴含 [J]. 信阳师范学院学报（哲学社会科学版），1999（3）：83-86.

[36] 蒋平 . 优选论与汉语音系研究 [M]. 见刘丹青 2005.

[37] 蒋平 . 全国语言学暑期高级讲习班讲义，2007.

[38] 柯航 . 现代汉语单双音节搭配研究 [M]. 北京：商务印书馆，2007/2012.

[39] 赖先刚 . 副词的连用问题 [J]. 汉语学习，1994（2）：25-31.

[40] 赖先刚 . 现代汉语副词的语用义初探 [J]. 四川师大学报 1996 年 6 月增刊，1996：26-33.

[41] 赖先刚 . 语言研究论稿 [M]. 上海：学林出版社，2005.

[42] 李泉 . 副词和副词的再分类 [C]. 收入胡明扬 1996，1996.

[43] 李泉 . 汉语语法考察与分析 [M]. 北京：北京语言文化大学出版社，2004.

[44] 李胜昔 . 副词"只"的用法新探 [J]. 云梦学刊，1994（1）：67-68.

[45] 李宇明 . 汉语量范畴研究 [M]. 武汉：华中师范大学出版社，2000.

[46] 李运熹 . 范围副词的分类及语义指向 [J]. 宁波师院学报（社会科学版），1993（4）：37-43+31.

[47] 梁晓波 . 否定的认知分析 [J]. 外语研究，2004（5）：12-18+80.

[48] 林曙 . 确定范围副词的原则 [J]. 上海师范大学学报，1993（1）：125-126.

[49] 刘丹青 . 汉语形态的节律制约——汉语语法的语音平面丛论之一 [J]. 南京师大学报（社会科学版），1993（3）：91-96.

[50] 刘丹青 . 语言学前沿与汉语研究 [M]. 上海：上海教育出版社，2005.

[51] 刘月华，等 . 实用现代汉语语法 [M]. 北京：商务印书馆，2002.

[52] 柳英绿 . 朝汉语语法对比 [M]. 延吉：延边大学出版社，1999.

[53] 柳海文 . 十三经字频研究 [M]. 北京：高等教育出版社，2011.

[54] 卢英顺 . 副词"只"的语义指向及其对句法变换的制约 [J]. 安徽师大学报，1996（4）：443-448.

[55] 陆俭明 . 关于语义指向分析 [C]. 中国语言学论丛（1），北京：北京语言文化大学出版社，1997.

[56] 陆俭明，等 . 汉语和汉语研究十五讲 [M]. 北京：北京大学出版社，2003.

[57] 吕明臣 . 汉语"应对句"说略 [J]. 汉语学习，1992（6）：16-19.

[58] 吕明臣 . 走出"句类"的误区 [J]. 吉林师范学院学报，1999（2）：11-13.

[59] 吕叔湘 . 现代汉语单双音节问题初探 [J]. 中国语文，1963（1）：10-22.

[60] 吕叔湘 . 疑问否定肯定 [J]. 中国语文，1985（4）：241-250.

[61] 吕叔湘，等 . 语法修辞讲话 [M]. 沈阳：辽宁教育出版社，2000.

[62] 吕叔湘 . 现代汉语八百词（增订版）[Z]. 北京：商务印书馆，1984/1999/2015.

[63] 吕叔湘 . 吕叔湘选集 [M]. 黄国营编，长春：东北师范大学出版社，2002.

[64] 马建忠 . 马氏文通 [M]. 北京：商务印书馆，1898，1983.

[65] 马庆株 . 语法研究入门 [M]. 北京：商务印书馆，1999.

[66] 马秋武 .《优选论》评介 [J]. 当代语言学，2001（1）：220-225.

[67] 马真 .1981. 修饰数量词的副词 [J]. 语言教学与研究，2001（1）：53-60.

[68] 马真 . 现代汉语虚词研究方法论 [M]. 北京：商务印书馆，2004.

[69] 牛鸿恩 . 论《左传》的成书年代 [J]. 首都师范大学学报（社会科学版），1994（5）：19-27.

[70] 潘海华,等.优选论与汉语主语的确认 [J]. 中国语文,2002（1）: 3-13+94.

[71] 彭小川,等.对外汉语教学语法释疑 201 例 [Z]. 北京：商务印书馆, 2004.

[72] 蒲立本.古汉语语法纲要（中译本）[M]. 孙景涛译,北京：语文出版社,1995,2006.

[73] 齐沪扬,等.现代汉语虚词研究综述 [M]. 合肥：安徽教育出版社, 2002.

[74] 钱兢.论现代汉语范围副词 [D]. 上海：上海师范大学,1999.

[75] 钱兢.现代汉语范围副词的连用 [J]. 汉语学习,2005（2）:47-50.

[76] 屈承熹.汉语副词的篇章功能 [J]. 语言教学与研究,1991（2）: 64-78.

[77] 屈承熹.A Discourse Grammar of Mandarin Chinese 中译本汉语篇章语法 [M]. 潘文国等译,北京：北京语言文化大学出版社,2006.

[78] 曲阜师范大学.现代汉语常用虚词词典 [Z]. 杭州：浙江教育出版社, 1987.

[79] 邵敬敏.形式与意义四论 [C]. 语法研究和探索（四）,北京：北京大学出版社,2001.

[80] 邵敬敏.副词在句法结构中的语义指向初探 [C]. 汉语论丛（一）, 上海：华东师范大学出版社,1990.

[81] 邵敬敏.汉语语法的立体研究 [M]. 北京：商务印书馆,2000.

[82] 沈家煊."好不"不对称用法的语义和语用解释 [J]. 中国语文, 1994（4）:262-265.

[83] 沈家煊."有界"与"无界"[J]. 中国语文,1995（5）:367-380.

[84] 沈家煊.语用法的语法化 [J]. 福建外语,1998（2）:1-7+14.

[85] 沈家煊."在"字句和"给"字句 [J]. 中国语文,1999（2）:94-102.

[86] 沈家煊.不对称和标记论 [M]. 南昌：江西教育出版社,1999.

[87] 沈家煊.再谈"有界"与"无界"[C]. 语言学论丛,北京：商务印书馆,2004.

[88] 石毓智. 肯定和否定的对称与不对称 [M]. 台北：台湾学生书局，1992.

[89] 史彩霞. 与副词有关的语序问题 [J]. 平顶山学院学报，2005（1）：71-74.

[90] 史金生. 时间副词"就、再、才"的语义语法分析 [J]. 逻辑与语言学习，1993（3）：43-46.

[91] 史金生. 现代汉语副词的语义功能研究 [D]. 天津：南开大学，2002.

[92] 史金生. 语气副词的范围、类别和共现顺序 [J]. 中国语文，2003（1）：17-31+95.

[93] 史锡尧. 副词"才"与"都"、"就"语义的对立和配合 [J]. 世界汉语教学，1991（1）：18-22.

[94] 税昌锡. 论语义指向 [D]. 华东师范大学博士学位论文，2002.

[95] 税昌锡. 论语义指向的内涵 [C]. 见于邵敬敏，陆镜光，2005.

[96] 宋婧婧，汉语书面语词和口语词的交叉、融合与转化 [J]. 长江大学学报（社会科学版），2012（11）：80-81.

[97] 宋玉柱. 副词能修饰副词吗？[J]. 汉语学习，2003（3）：13.

[98] 太田辰夫. 中国语历史文法（中译本）[M]. 蒋绍愚，徐昌华，译，北京：北京大学出版社，1958.

[99] 田国丽. 名词性主语前副词功能分析 [J]. 内江师范学院学报，2006（5）：90-92.

[100] 田原. 评定副词"就"的歧义现象 [M]. 北京：北京大学出版社，2006.

[101] 王灿龙. 句法组合中单双音节选择的认知解释 [C]. 语法研究和探索（十一），北京：商务印书馆，2002.

[102] 王光全. 语调与语调标记的合理位置 [J]. 汉语学习，2002（5）：48-52.

[103] 王红. 副词"净"浅析 [J]. 暨南学报（哲学社会科学），2000（1）：39-45.

[104] 王洪君. 音节单双、音域展敛（重音）与语法结构类型和成分次序 [J]. 当代语言学，2001（3）：241-252.

[105]王洪君.动物、身体两义场单字组构两字的结构模式[J].语言研究，2005（1）：1-11.

[106]王还."就"与"才"[J].语文学习，1956（12）：35.

[107]王嘉龄.优选论[J].国外语言学，1995（1）：1-4.

[108]王珏.汉语生命范畴初论[M].上海：华东师范大学出版社，2004.

[109]王力.中国现代语法[M].北京：商务印书馆，1943.

[110]王力.汉语史稿[M].北京：商务印书馆，1954.

[111]王力.古代汉语[M].北京：中华书局，1989.

[112]王力.汉语语法史[M].北京：商务印书馆，1989.

[113]王丽君."只"的语义指向及语用特征[J].喀什师范学院学报（社会科学版），2000（1）：58-61.

[114]王自强.现代汉语虚词用法小词典[Z].上海：上海辞书出版社，1984.

[115]吴福祥.敦煌变文语法研究[M].长沙：岳麓书社，1996.

[116]吴福祥.语法化理论、历史句法学与汉语历史语法研究[C].见刘丹青，2005.

[117]吴景荣.汉英词典[Z].北京：商务印书馆，1981.

[118]吴为善.现代汉语三音节组合规律初探[J].汉语学习，1986（5）：1-2.

[119]吴为章，等，汉语句群[M].北京：商务印书馆，2000.

[120]肖奚强.范围副词的再分类及其句法语义分析[J].语言教学与研究，2003（3）：355-359.

[121]肖奚强.面向中文信息处理的现代汉语副词研究[D].上海：上海师范大学，2001.

[122]徐杏雨."副＋名"结构研究[D].南京：南京师范大学，2007.

[123]邢福义.反递句式[J].中国语文，1986（1）：10-20.

[124]邢福义，等.时间词"刚刚"的多角度考察[J].中国语文，1990（1）：15-23.

[125]徐以中.副词"只"的语义指向及语用歧义探讨[J].语文研究，2003（2）：48-52.

[126] 徐杏雨.“副＋名”结构研究 [D]. 南京：南京师范大学，2007.

[127] 徐正考，等. 语言的经济原则在汉语语法历时发展中的表现 [J]. 语文研究，2008（1）9-12.

[128] 杨伯峻，等. 古汉语语法及其发展 [M]. 北京：语文出版社，1992.

[129] 杨德峰. 汉语的结构和句子研究 [M]. 北京：教育科学出版社，2004.

[130] 杨俊萱. 口语和书面语 [J]. 语言教学与研究，1984（1）：137-146.

[131] 杨荣祥. 现代汉语副词次类及其特征描写 [J]. 湛江师范学院学报（哲学社会科学版），1999（1）：78-86.

[132] 杨荣祥.“范围副词”中的功能差异 —— 兼论副词次类的划分问题 [J]. 湖北大学学报，2000（4）：53-57.

[133] 杨荣祥. 近代汉语副词研究 [M]. 北京：商务印书馆，2005.

[134] 杨树达. 高等国文法 [M]. 北京：商务印书馆，1920.

[135] 杨小璐. 现代汉语“才”与“就”的母语习得 [J]. 现代外语（季刊），2000（4）：331-348.

[136] 殷志平.“只有”与“没有”配对 [J]. 汉语学习，2004（12）：80.

[137] 袁晖. 谈副词“就”的用法 [J]. 语文学习，1957（5）：38.

[138] 袁毓林. 多项副词共现的语序原则及其认知解释 [C]. 语言学论丛，北京：商务印书馆，2002.

[139] 张宝林. 连词的再分类 [C]. 载胡明扬主编词类问题考察，北京：北京语言文化大学出版社，1996.

[140] 张宝胜. 副词“才”的主观性 [C]. 语法研究和探索（十二），北京：商务印书馆，2003.

[141] 张斌. 现代汉语虚词词典 [Z]. 北京：商务印书馆，2004.

[142] 张斌. 现代汉语描写语法 [M]. 北京：商务印书馆，2010.

[143] 张道真. 实用英语语法 [M]. 北京：外语教学与研究出版社，1995.

[144] 张亚军. 副词与限定描状功能 [M]. 合肥：安徽教育出版社，2002.

[145] 张谊生. 副词的连用类别和共现顺序 [J]. 烟台大学学报（哲学社会科学版），1996（2）：86-95.

[146] 张谊生. 副词的篇章连接功能 [J]. 语言研究，1996（1）：128-138.

[147] 张谊生. 现代汉语副词研究 [M]. 上海. 学林出版社，2000.

[148] 张谊生. 现代汉语虚词 [M]. 上海：华东师范大学出版社，2000.

[149] 张谊生. 论现代汉语的范围副词 [J]. 上海师范大学学报（社会科学版），2001（1）：107-113.

[150] 张谊生. 现代汉语副词探索 [M]. 上海：学林出版社，2004.

[151] 赵晶. 现代汉语重叠式副词研究 [D]. 天津：天津师范大学，2007.

[152] 中国社会科学院语言研究所词典编辑室. 现代汉语词典（七）[Z]. 北京：商务印书馆，2015.

[153] 周刚. 表示限定的"光"、"仅"、"只"[J]. 汉语学习，1999（1）：12-16.

[154] 周刚. 连词与相关问题 [M]. 合肥：安徽教育出版社，2002.

[155] 周静. 现代汉语递进范畴研究 [D]. 上海：华东师范大学，2003.

[156] 周韧. 现代汉语韵律与语法的互动关系研究 [M]. 北京：商务印书馆，2006/2011.

[157] 周小兵. 限定副词"只"和"就"[J]. 烟台大学学报（哲学社会科学），1991（3）：92-96.

[158] 周小兵. 对外汉语教学中的副词研究 [M]. 北京：中国社会科学出版社，2002.

[159] 朱德熙. 语法讲义 [M]. 北京：商务印书馆，1982.

[160] 朱德熙. 语法丛稿 [M]. 上海：上海教育出版社，1996.

[161] 宗福邦. 等, 故训汇纂 [Z]. 北京：商务印书馆，2003.

[162]AdeleE. Goldberg，A Construction Grammar Approach to Argument Structure[M]. The University of Chicago Press，Chicago（中译本. 构式——论元结构的构式语法研究由吴海波译,冯奇审订,北京：北京大学出版社，2007 年 3 月第 1 版）.

[163] Bingfu Lu & San Duznmu，Rhythm and Syntax in Chinese：A Case Study[J]. Journal of the Chinese Language Teachers Association. May 2002, Volume，1991/2002：37：2, pp. 123-136

[164] Duanmu, San，A Formal Study of Syllable, Tone, Stress and Domain in Chinese Languages, [D]. MIT Ph. D. thesis，1990.

[165] Halliday. M. K. &Hasan. R，Cohesion in English[M]. Longman, London，1976.

[166] Hopper,Paul J. &Traugott,Elizabeth C.，Grammaticalization[M]. 2nd edition. 北京：北京大学出版社 2005 年引进出版，2003.

[167] J. R. Anderson，Cognitive Psychology and Its Implications[M].7th Edition，Carnegie Mellon University Worth Publishers，1980/2009.

[168] M. A. K. Halliday，Spoken and Written Language（口语与书面语）[M]. 北京：世界图书出版公司，1985/2012.

[169] René Kager，Optymality Theory（优选论）[M]. 北京：外语教学与研究出版社，2001.

后　记

　　这本小书在作者博士论文的基础上略做扩充而成，其中除增加了第 3.5、3.6 节，并更新了相应的参考文献之外，其他章节均未做改动。也就是说本书主体部分完成于 2008 年前，之后十几年间汉语的副词研究无论是在探究的深广度上还是在研究方法上都有了一些新的突破，本文未能及时全面地反映学者们这些创新之处，实为能力、见识所限。重新阅读，本文在对限定性副词的语义特征、语法特点和篇章功能的描写上还不够细致，运用优选论和标记论解释副词的一些组合现象时还有很多幼稚之处。现将这些不足一并呈献出来，供方家指正。

　　本书的出版全赖诸位师友的提携和帮助，业师柳英绿、岳辉、王光全三位教授一直鞭策我在学业上有所进步，师友邹德文、颜力涛、关黑拽、刘宇等也多有鼓励。在此对他们表示感谢。还要感谢吉林大学文学院科研办李海帆老师和吉林大学出版社朱进先生，他们在本书的策划、编辑、出版上倾注了心血。特别感谢吉林大学社科处庞原鹏老师，感谢吉林大学基本科研业务费哲学社会科学研究项目（2014QY039）的支持。

　　书中错漏之处，概由作者负责。

刘立成

2021 年 8 月 27 日